Learn French With Short Stories Parallel French & English Vocabulary for Beginners

Clara Discovers Love in Lyon: Romance in the French Air

French Hacking

Copyright © 2024 French Hacking

All rights reserved. No part of this publication may be reproduced, distributed or transmitted in any form or by any means, including photocopying, recording, or other electronic or mechanical methods, without the prior written permission of the publisher, except in the case of brief quotations embodied in critical reviews and certain other non-commercial uses permitted by copyright law.

Trademarked names appear throughout this book. Rather than use a trademark symbol with every occurrence of a trademarked name, names are used in an editorial fashion, with no intention of infringement of the respective owner's trademark. The information in this book is distributed on an "as is" basis, without warranty. Although every precaution has been taken in the preparation of this work, neither the author nor the publisher shall have any liability to any person or entity with respect to any loss or damage caused or alleged to be caused directly or indirectly by the information contained in this book.

"One language sets you in a corridor for life. Two languages open every door along the way."

- Frank Smith

French Hacking

French Hacking is a revolutionary educational language learning company focused on teaching individuals how to learn French in the shortest time possible. Our mission is for our students to develop a command of the French language by utilizing the hacks, tips, and tricks included in the learning materials we create. We want our students to become confident in their speaking abilities as they advance their conversational skills by teaching what's necessary without having to learn the finer details that don't make much of a difference or aren't even used in the real world.

Unlike our competitors, who have books geared toward multiple languages, our language learning books are dedicated exclusively to learning French. Our focus on only one language allows us to truly concentrate on creating superior educational materials.

Our books are created by native French speakers and then put through a vigorous editing process with two more native French editors and proofreaders to ensure the highest quality content. Rest assured that you are learning proper grammar and syntax as you read through our books.

The unique formatting of our books will give you the best experience possible as you learn French! The bilingual English and French text appear side-by-side for easy reference without needing a dictionary. With fun images for each chapter, you will better visualize the scenes within the story and stay engaged. Reading is an immersive experience, and we want to make learning fun and enjoyable.

There are no other books like ours on the market. Let us help accelerate your journey to learn French with our fun and effective educational materials that make learning French a breeze!

About this book

This book offers a distinctive approach to mastering French through an immersive experience, blending delightful storytelling with a practical learning format.

As you embark on this adventure, you will notice that each chapter is presented twice: once in French alone and once in parallel text with side-by-side translations, featuring the original French text alongside its English counterpart. Our goal is to provide you with an authentic and engaging way to learn French as it is spoken and written.

We want to highlight that the English translations are crafted from the original French, focusing primarily on conveying the meaning and essence of the text. This means that, at times, the translations might not follow the typical structures or idioms of standard English. Such instances are intentional, aiming to give you a deeper understanding of the French language, including its unique expressions and nuances.

This method encourages you to think in French, rather than simply translating words. As you progress through the stories, you will find yourself naturally grasping the French language, appreciating its beauty, and understanding its context more clearly.

Who's it for?

This book is written for students who are just starting out, all the way to intermediate French learners (if you're familiar with the Common European Framework of Reference - CEFR, it would be the equivalent to A1-B1).

Why you'll enjoy this book

- Not a kid's story, they have too many wizards and animals that you don't use in everyday speech.
- The story line is interesting and something you can relate to, unlike children's books.
- There is relevant vocab you can use right away which will motivate you to read more.
- No dictionary needed as there are easy to follow translations next to each paragraph.

How to get the most out of this book

1. Read the chapter all in French and see how much you can pick up on.
2. Read the side by side French/English section to fill in any gaps you weren't able to understand.
3. Download the audio and have a listen.
4. Listen to the audio while simultaneously reading the story.

BONUS!

Enhance your learning experience with a complimentary Audiobook and PDF of this book! Discover the details on the back page.

Table of Contents

Main characters 1

1. Le beau temps arrive : retrouvailles avec Julien 2
2. Clara trouve un petit chien 14
3. Le petit chien va bien et on part en week-end avec lui 26
4. Anniversaire de mariage des grands-parents 37
5. C'est le printemps, enfin ! 48
6. On fête la majorité ! 59
7. Dimanche en famille 70
8. Un grand projet : on va déménager ! 80
9. Un peu de shopping pour le printemps et l'été 92
10. La recherche d'appartement 104

Bonus 1 118
Bonus 2 120
Answers 132

Main characters

The French family:

1. Le beau temps arrive : retrouvailles avec Julien

Le mois de février est un mois plus court que les autres. **Pourtant**, il a semblé très long à Clara. Elle ne s'est pas ennuyée, et elle a adoré, mais tellement de choses sont arrivées ! Maintenant, elle **se sent** vraiment chez elle en France. Elle parle avec **aisance**, elle **connaît** de nombreuses expressions, elle s'est fait plein d'amis, elle est partie à la montagne, elle **cuisine**, elle fait du vélo à Lyon, elle a ses cafés favoris, elle est allée à un concert… Et elle a rencontré un garçon ! Elle a l'impression qu'il s'est passé plus de choses en deux mois de sa vie que pendant les cinq dernières années aux États-Unis !

Le mois de mars est arrivé, et avec lui un grand soleil qui fait sourire tout le monde. On sent bien, cette fois-ci, la fin de l'hiver. Plus qu'une petite vingtaine de jours. Julien et Clara s'écrivent chaque jour un peu plus. Ils **s'entendent à merveille**. Ils connaissent maintenant la vie de l'autre, la famille, les études. Julien étudie la géographie. Il veut travailler dans l'humanitaire, il a **tenté** d'entrer à Bioforce, une école lyonnaise très réputée pour ses formations humanitaires. Mais il est un peu jeune et il manque d'expérience. Il se spécialisera plus tard dans la gestion de l'eau, qui est une composante essentielle dans les projets humanitaires. Il parle **couramment** anglais et espagnol ; mais Clara et lui ne parlent qu'en français, et cela va très bien à Clara, car elle veut continuer à progresser. Ses premières inquiétudes

sont passées et elle trouve facile de discuter avec lui en français, **finalement**. Il faut dire qu'il rend les choses **faciles** : il ne la **corrige** pas, il répond vite, il a beaucoup de choses à raconter… Et il a beaucoup d'humour, aussi !

Pourtant (adverbe) : however
Se sentir (verbe pronominal) : to feel
Aisance (f) (nom commun) : ease, facility
Connaître (verbe) : to know
Cuisiner (verbe) : to cook
S'entendre (verbe pronominal) : to get along
À merveille (locution adverbiale) : wonderfully
Tenter (verbe) : to attempt
Couramment (adverbe) : fluently
Finalement (adverbe) : finally
Facile (adjectif) : easy
Corriger (verbe) : to correct

Ces premiers jours de grand **beau** temps sont l'occasion pour Julien de **relancer** la question d'un café, ou d'une promenade. Clara, toujours un peu timide, se sent tout de même plus à l'aise et elle accepte avec plaisir. Il va bien **falloir** que cela arrive, se dit-elle. Et puis, elle a hâte de le revoir, en réalité. Elle ne **se souvient** même plus de son visage ! Tout ce qu'elle a est la photo de son profil de messagerie. C'est un peu **maigre**.

Ils **conviennent** de se retrouver le jeudi suivant, car ils ont tous les deux l'après-midi de libre après les cours. Normalement, Clara va à la bibliothèque avec Valentine, mais elle peut bien faire une exception. Elle travaille encore plus entre le lundi et le jeudi, car elle ne veut surtout pas perdre le niveau et elle a peur de ne pas **assurer** son second semestre. Ses notes n'étaient pas **catastrophiques**, mais elle sait qu'elle va devoir travailler dur si elle veut une bonne moyenne. Il est **hors de question** qu'elle **gâche** son année à l'université française !

Beau (adjectif) : beautiful
Relancer (verbe) : to bring up again (in this context)
Falloir (verbe) : to have to do
Se souvenir (verbe) : to remember
Maigre (adjectif) : meagre
Convenir (verbe) : to agree to
Assurer (verbe) : to perform (in this context)

Catastrophique (adjectif) : catastrophic
Hors de question (hors de question) : out of the question
Gâcher (verbe) : to waste

Mercredi, Clara annonce à Valentine qu'elle ne viendra pas le lendemain pour travailler avec elle.

« Aaaah, vous vous retrouvez, enfin ! lui dit Valentine avec un large **sourire**. Bon, j'espère que tu me raconteras tout ! On se voit le vendredi, comme d'habitude ?

- Oui, évidemment, on se voit vendredi ! répond Clara.

- Allez, profite bien. Je suis sûre que tout va bien se passer. Ne te maquille pas trop, reste calme et tout va bien se passer. Il n'y a aucune raison pour que tu sois **stressée**, conseille Valentine. Et puis, tu n'es pas obligée de l'apprécier. Tu verras bien !

- Qu'est ce qui te fait penser que je suis stressée ?

- Ton sourire **crispé** quand tu me parles de votre rencontre ! »

Et Clara rougit. Sourire crispé... Qu'est-ce que c'est ? Elle regarde rapidement dans son dictionnaire et sourit. Bon, elle va **se détendre**. Elle rentre à la **maison** et va préparer un thé dans la cuisine. Céline est déjà rentrée et elle discute avec sa mère. Elle comprend qu'elles parlent du futur et elle décide de les laisser **tranquilles**. Elle entend **seulement** parler d'appartement... Elle demandera plus tard à Céline de quoi il s'agit. En attendant, elle va dans sa chambre, avec son thé, et elle **regarde** dans son armoire... Comment va-t-elle s'habiller demain pour sa première rencontre avec Julien ? Elle n'a que des vieux vêtements... Elle choisit un joli pull bleu, un jean simple, gris et moulant, des ballerines. Ce n'est pas le plus important, se dit-elle ! Et elle suivra les conseils de Valentine : peu de **maquillage**, et pas de stress.

Mercredi (m) (nom commun) : Wednesday
Sourire (m) (nom commun) : smile
Stressé (adjectif) : stressed out
Crispé (adjectif) : tense, nervous
Se détendre (verbe pronominal) : to relax
Maison (f) (nom commun) : house

Tranquille (adjectif) : to let someone be, to leave someone alone
Seulement (adverbe) : only
Regarder (verbe) : to look
Maquillage (m) (nom commun) : makeup

N'empêche, elle n'a pas trouvé le **sommeil**. Elle n'a presque pas dormi quand son réveil sonne le jeudi matin ! **Péniblement**, elle se lève, s'habille, prend son café en retard et court à la fac pour ne pas être en retard. **Zut**, quelle idiote... Ils ont discuté jusqu'à tard et puis voilà, elle n'a pas arrêté de penser à leur rencontre. Les cours lui **semblent** longs, mais en réalité, la matinée passe très vite, et elle range vite ses affaires pour courir au café à la fin du dernier cours. Elle **rate** le tramway, prend le bus, et elle réalise qu'elle va arriver en retard. Elle court et pousse la porte du café, en sueur, inquiète... Julien est là et il attend calmement. **Flûte** ! Elle n'a pas eu le temps d'aller aux toilettes pour **vérifier** que tout va bien !

« Pardon, je suis en retard, j'ai couru ! dit-elle en **bafouillant**.

- Aucun problème Clara ! On n'est pas pressés ! Tu prends un café ? Tu as l'air un peu fatiguée, dit-il avec un grand sourire.

- Oui, dit-elle. Non, enfin si, **attends**. Un allongé ! Sans sucre. Avec un verre d'eau ! »

Elle **s'installe**, le regarde – il la regarde. Ils se sourient, elle rit, et **soudainement** toute la pression **retombe**. Les doutes, les inquiétudes : Julien est très beau, il a l'air très détendu, et très gentil. Clara ne sait pas trop comment se comporter mais elle ne se sent plus mal à l'aise du tout. Et la discussion reprend, comme ils s'écrivaient la veille : fluide, et sympa. Le soir, Clara rentre chez elle, ravie, et **empressée** de revoir Julien.

Sommeil (m) (nom commun) : sleep
Péniblement (adverbe) : with difficulty
Zut (interjection) : drats, darn it
Sembler (verbe) : to seem
Rater (verbe) : to miss
Flûte (interjection) : drats, darn it
Vérifier (verbe) : to check
Bafouiller (verbe) : to stutter, to stammer
Attendre (verbe) : to wait

S'installer (verbe pronominal) : to sit down
Soudainement (adverbe) : suddenly
Retomber (verbe) : to come down
Empressé (adjectif) : eager

Questions (Chapitre 1)

1. Comment Clara se sent-elle en France ?
a) Elle adore et s'est intégrée
b) Elle a du mal à se faire des amis
c) La langue française est très difficile pour elle
d) Elle se sent seule

2. Qu'est-ce que Julien étudie ?
a) L'humanitaire
b) La géographie
c) Le français
d) L'histoire de l'art

3. En quelle langue Clara et Julien communiquent ?
a) En anglais
b) En espagnol
c) En français
d) En allemand

4. Quel jour Clara et Julien se retrouvent ?
a) Ils ne sont pas encore prêts à se voir
b) Le lundi
c) Le mardi
d) Le jeudi

5. Comment se passe la rencontre entre Clara et Julien ?
a) Tout se passe à merveille, Clara n'est plus du tout mal à l'aise
b) Clara se sent mal à l'aise et ne sait pas trop quoi dire
c) Ils ne se sont pas parlés
d) Elle est très angoissée

1. Le beau temps arrive : retrouvailles avec Julien

Le mois de février est un mois plus court que les autres. Pourtant, il a semblé très long à Clara. Elle ne s'est pas ennuyée, et elle a adoré, mais tellement de choses sont arrivées ! Maintenant, elle se sent vraiment chez elle en France. Elle parle avec aisance, elle connaît de nombreuses expressions, elle s'est fait plein d'amis, elle est partie à la montagne, elle cuisine, elle fait du vélo à Lyon, elle a ses cafés favoris, elle est allée à un concert… Et elle a rencontré un garçon ! Elle a l'impression qu'il s'est passé plus de choses en deux mois de sa vie que pendant les cinq dernières années aux États-Unis !

Le mois de mars est arrivé, et avec lui un grand soleil qui fait sourire tout le monde. On sent bien, cette fois-ci, la fin de l'hiver. Plus qu'une petite vingtaine de jours. Julien et Clara s'écrivent chaque jour un peu plus. Ils s'entendent à merveille. Ils connaissent maintenant la vie de l'autre, la famille, les études. Julien étudie la géographie. Il veut travailler dans l'humanitaire, il a tenté d'entrer à Bioforce, une école lyonnaise très réputée pour ses formations humanitaires. Mais il est un peu jeune et il manque d'expérience. Il se spécialisera plus tard dans la gestion de l'eau, qui est une composante essentielle dans les projets humanitaires. Il parle couramment

1. Fine weather arrives: a reunion with Julien

February is a shorter month than most. Yet it seemed a very long time to Clara. She hasn't been bored, and she's loved it, but so much has happened! Now she really feels at home in France. She speaks fluently, she knows lots of expressions, she's made lots of friends, she's been to the mountains, she cooks, she bikes in Lyon, she has her favorite cafés, she's been to a concert... And she's met a boy! She feels like more has happened in two months of her life than in the last five years in the States!

March has arrived, and with it a big sun that makes everyone smile. It feels like the end of winter this time. Only twenty days to go. Julien and Clara write to each other a little more every day. They're getting on wonderfully well. They now know each other's lives, families and studies. Julien is studying geography. He wants to work in the humanitarian field, and has tried to get into Bioforce, a school in Lyon renowned for its humanitarian training. But he's a bit young and lacks experience. He later specialized in water management, an essential component of humanitarian projects. He speaks fluent English and Spanish; but he and Clara only speak French, and this suits Clara just fine,

anglais et espagnol ; mais Clara et lui ne parlent qu'en français, et cela va très bien à Clara, car elle veut continuer à progresser. Ses premières inquiétudes sont passées et elle trouve facile de discuter avec lui en français, finalement. Il faut dire qu'il rend les choses faciles : il ne la corrige pas, il répond vite, il a beaucoup de choses à raconter… Et il a beaucoup d'humour, aussi !

Ces premiers jours de grand beau temps sont l'occasion pour Julien de relancer la question d'un café, ou d'une promenade. Clara, toujours un peu timide, se sent tout de même plus à l'aise et elle accepte avec plaisir. Il va bien falloir que cela arrive, se dit-elle. Et puis, elle a hâte de le revoir, en réalité. Elle ne se souvient même plus de son visage ! Tout ce qu'elle a est la photo de son profil de messagerie. C'est un peu maigre.

Ils conviennent de se retrouver le jeudi suivant, car ils ont tous les deux l'après-midi de libre après les cours. Normalement, Clara va à la bibliothèque avec Valentine, mais elle peut bien faire une exception. Elle travaille encore plus entre le lundi et le jeudi, car elle ne veut surtout pas perdre le niveau et elle a peur de ne pas assurer son second semestre. Ses notes n'étaient pas catastrophiques, mais elle sait qu'elle va devoir travailler dur si elle veut une bonne moyenne. Il est hors de question qu'elle gâche son année à

as she wants to keep progressing. Her initial concerns have passed, and she finds it easy to talk to him in French after all. It's true that he makes things easy: he doesn't correct her, he responds quickly, he has lots to say… And he's got a great sense of humor, too!

These first days of fine weather are an opportunity for Julien to raise the question of a coffee or a walk. Clara, always a little shy, feels more at ease and gladly accepts. It's going to have to happen, she says to herself. Besides, she can't wait to see him again. She can't even remember his face! All she has is his e-mail profile picture. It's a bit meager.

They agree to meet the following Thursday, as they both have the afternoon off after school. Clara normally goes to the library with Valentine, but she can make an exception. She works even harder between Monday and Thursday, because she doesn't want to lose her level and she's afraid of failing her second semester. Her grades weren't catastrophic, but she knows she'll have to work hard if she wants a good average. There's no way she's going to waste her year at a French university!

l'université française !

Mercredi, Clara annonce à Valentine qu'elle ne viendra pas le lendemain pour travailler avec elle.

« Aaaah, vous vous retrouvez, enfin ! lui dit Valentine avec un large sourire. Bon, j'espère que tu me raconteras tout ! On se voit le vendredi, comme d'habitude ?

- Oui, évidemment, on se voit vendredi ! répond Clara.

- Allez, profite bien. Je suis sûre que tout va bien se passer. Ne te maquille pas trop, reste calme et tout va bien se passer. Il n'y a aucune raison pour que tu sois stressée, conseille Valentine. Et puis, tu n'es pas obligée de l'apprécier. Tu verras bien !

- Qu'est ce qui te fait penser que je suis stressée ?

- Ton sourire crispé quand tu me parles de votre rencontre ! »

Et Clara rougit. Sourire crispé... Qu'est-ce que c'est ? Elle regarde rapidement dans son dictionnaire et sourit. Bon, elle va se détendre. Elle rentre à la maison et va préparer un thé dans la cuisine. Céline est déjà rentrée et elle discute avec sa mère. Elle comprend qu'elles parlent du futur et elle décide de les laisser tranquilles. Elle entend seulement parler d'appartement...

On Wednesday, Clara tells Valentine that she won't be coming to work with her the next day.

"Aaaah, you're back together at last! says Valentine with a broad smile. Well, I hope you'll tell me all about it! Will I see you on Friday, as usual?

- Yes, of course we'll see you on Friday! replies Clara.

- Well, enjoy. I'm sure everything's going to be fine. Don't wear too much make-up, stay calm and everything will be fine. There's no reason for you to be stressed, advises Valentine. Besides, you don't have to like it. You'll see!

- What makes you think I'm stressed?

- Your tight smile when you tell me about your meeting!"

And Clara blushed. Tense smile... What's that? She quickly looks up the word in her dictionary and smiles. Well, she's going to relax. She goes home and makes a cup of tea in the kitchen. Céline has already returned and is chatting with her mother. She realizes they're talking about the future and decides to leave them alone. All she hears is talk of an apartment... She'll ask Céline what

Elle demandera plus tard à Céline de quoi il s'agit. En attendant, elle va dans sa chambre, avec son thé, et elle regarde dans son armoire… Comment va-t-elle s'habiller demain pour sa première rencontre avec Julien ? Elle n'a que des vieux vêtements… Elle choisit un joli pull bleu, un jean simple, gris et moulant, des ballerines. Ce n'est pas le plus important, se dit-elle ! Et elle suivra les conseils de Valentine : peu de maquillage, et pas de stress.

N'empêche, elle n'a pas trouvé le sommeil. Elle n'a presque pas dormi quand son réveil sonne le jeudi matin ! Péniblement, elle se lève, s'habille, prend son café en retard et court à la fac pour ne pas être en retard. Zut, quelle idiote… Ils ont discuté jusqu'à tard et puis voilà, elle n'a pas arrêté de penser à leur rencontre. Les cours lui semblent longs, mais en réalité, la matinée passe très vite, et elle range vite ses affaires pour courir au café à la fin du dernier cours. Elle rate le tramway, prend le bus, et elle réalise qu'elle va arriver en retard. Elle court et pousse la porte du café, en sueur, inquiète… Julien est là et il attend calmement. Flûte ! Elle n'a pas eu le temps d'aller aux toilettes pour vérifier que tout va bien !

« Pardon, je suis en retard, j'ai couru ! dit-elle en bafouillant.

- Aucun problème Clara ! On n'est

it's all about later. In the meantime, she goes to her room, with her tea, and looks through her wardrobe… How is she going to dress tomorrow for her first meeting with Julien? She's got nothing but old clothes… She chooses a pretty blue sweater, simple gray skinny jeans and ballet flats. It's not the most important thing, she tells herself! And she'll follow Valentine's advice: little make-up, and no stress.

Still, she couldn't sleep. She's hardly slept at all when her alarm goes off on Thursday morning! Painfully, she got up, got dressed, had her late coffee and ran to the college so as not to be late. Damn, what an idiot… They chatted until late and then she couldn't stop thinking about their meeting. Classes seemed long, but in reality, the morning passed very quickly, and she quickly packed her things to run to the café at the end of the last class. She misses the streetcar, takes the bus, and realizes she's going to be late. She runs and pushes open the café door, sweaty and worried… Julien is there, waiting calmly. Blast! She hasn't had time to go to the bathroom to check that everything's okay!

"I'm sorry I'm late, I was running! she says, stammering.

- No problem, Clara! We're in no

pas pressés ! Tu prends un café ? Tu as l'air un peu fatiguée, dit-il avec un grand sourire.

- Oui, dit-elle. Non, enfin si, attends. Un allongé ! Sans sucre. Avec un verre d'eau ! »

Elle s'installe, le regarde – il la regarde. Ils se sourient, elle rit, et soudainement toute la pression retombe. Les doutes, les inquiétudes : Julien est très beau, il a l'air très détendu, et très gentil. Clara ne sait pas trop comment se comporter mais elle ne se sent plus mal à l'aise du tout. Et la discussion reprend, comme ils s'écrivaient la veille : fluide, et sympa. Le soir, Clara rentre chez elle, ravie, et empressée de revoir Julien.

hurry! Would you like a coffee? You look a bit tired, he says with a big smile.

- Yes, she says. No, I mean, yes, wait. A long one! No sugar. With a glass of water!"

She sits down, looks at him - he looks at her. They smile at each other, she laughs, and suddenly all the pressure's off. The doubts, the worries: Julien is very handsome, he seems very relaxed, and very kind. Clara isn't sure how to behave, but she no longer feels uncomfortable at all. And the discussion resumes, just as it had the day before: fluid and friendly. In the evening, Clara returns home, delighted and eager to see Julien again.

Questions (Chapitre 1)

1. Comment Clara se sent-elle en France ?
a) Elle adore et s'est intégrée
b) Elle a du mal à se faire des amis
c) La langue française est très difficile pour elle
d) Elle se sent seule

2. Qu'est-ce que Julien étudie ?
a) L'humanitaire
b) La géographie
c) Le français
d) L'histoire de l'art

3. En quelle langue Clara et Julien communiquent ?
a) En anglais
b) En espagnol
c) En français
d) En allemand

4. Quel jour Clara et Julien se retrouvent ?
a) Ils ne sont pas encore prêts à se voir
b) Le lundi
c) Le mardi
d) Le jeudi

5. Comment se passe la rencontre entre Clara et Julien ?
a) Tout se passe à merveille, Clara n'est plus du tout mal à l'aise
b) Clara se sent mal à l'aise et ne sait pas trop quoi dire
c) Ils ne se sont pas parlés
d) Elle est très angoissée

Questions (Chapter 1)

1. How does Clara feel in France?
a) She loves it and has integrated
b) It's hard for her to make friends
c) The French language is very difficult for her
d) She's lonely

2. What is Julien studying?
a) Humanitarian aid
b) Geography
c) French
d) Art history

3. In what language do Clara and Julien communicate?
a) English
b) Spanish
c) French
d) German

4. What day will Clara and Julien meet again?
a) They're not ready to see each other yet
b) Monday
c) Tuesday
d) Thursday

5. How is the meeting between Clara and Julien going?
a) Everything goes perfectly, Clara is no longer at all uncomfortable.
b) Clara feels uncomfortable and doesn't know what to say.
c) They haven't spoken
d) She's very anxious

2. Clara trouve un petit chien

Mais le lendemain est une toute autre histoire ! Sur le chemin de la fac, Clara écoute de la musique sur son téléphone. Elle pense à Julien et elle se sent heureuse. Elle **marche** légèrement, elle est en avance, elle a le temps. Quand **soudain**, dans une petite rue, elle entend un petit bruit inhabituel… Elle s'arrête, coupe la musique, et cherche d'où vient le bruit. Elle regarde **partout**, elle ne voit rien. Elle remet sa musique et reprend sa marche, mais entend à nouveau ce petit bruit. On dirait un animal… Elle arrête encore la musique, **enlève** ses écouteurs… Et elle voit, dans un coin, une boîte en carton, avec un chiot à l'intérieur ! Un tout petit chien qui est seul et qui **pleure** !

Clara se sent **bouleversée**. Il est tellement **craquant** ! Elle s'approche **doucement** pour caresser la petite boule de poil. Immédiatement, le chiot lui lèche la main et remue la queue. Vraiment, Clara ne peut pas laisser ce petit animal **abandonné**. Et il est beaucoup trop mignon ! Et on dirait qu'il a faim. Quel âge peut-il avoir ? Elle n'en a aucune idée. Il est vraiment très petit.

Clara **retire** son écharpe et y place le bébé chien. Elle le **transporte** doucement, vérifiant autour d'elle que personne n'est là pour l'animal. Mais

non, il est bien abandonné. Quelle tristesse. Non, elle ne va pas le laisser là, **sûrement** pas.

Marcher (verbe) : to walk
Soudain (adverbe) : suddenly
Partout (adverbe) : everywhere
Enlever (verbe) : to remove
Pleurer (verbe) : to cry
Bouleversé (adjectif) : shaken
Craquant (adjectif) : adorable
Doucement (adverbe) : slowly
Abandonné (adjectif) : abandoned
Retirer (verbe) : to remove
Transporter (verbe) : to carry
Sûrement (adverbe) : certainly

Elle **reprend** donc sa route vers la fac, mais avec cette petite chose **fragile** dans son écharpe. Sur le trajet, elle s'arrête dans un magasin pour acheter un peu de pâté pour chien et un petit bol. Bien entendu, quand elle arrive à l'université, elle ne passe pas inaperçue ! Tout le monde voit le petit machin qu'elle **porte** et veut le caresser. Comme le chiot est un peu **effrayé**, elle le protège et demande gentiment aux autres de **garder** une distance. Le chien semble rassuré dans son écharpe. Elle s'installe dans un **coin** pour lui donner à manger. Qu'il est mignon ! Il est **affamé**, et mange tout en quelques minutes. Clara lui donne aussi à boire, et le chien fait pipi sur son écharpe. Bon, très bien. C'est un bébé, après tout. Elle **lavera** l'écharpe.

Mais quand elle veut entrer dans la salle de cours, le professeur l'arrête tout de suite : « Il est **interdit** de **venir** en cours avec un animal de compagnie ! » lui dit-il. Zut, comment faire ? Valentine est là, et, attendrie par la scène, propose – comme toujours – de rendre service.

Reprendre (verbe) : to start again, to resume
Fragile (adjectif) : delicate
Porter (verbe) : to carry
Effrayé (adjectif) : frightened
Garder (verbe) : to keep
Coin (m) (nom commun) : corner
Affamé (adjectif) : famished, starving
Laver (verbe) : to wash

Interdit (adjectif) : not allowed, forbidden
Venir (verbe) : to come

« Rentre chez toi avec lui, il a l'air effrayé. Ne t'inquiète pas, tu peux **manquer** une **journée** de cours ! Je te passerai les photocopies demain, lui dit-elle.

- C'est très gentil de ta part, merci Valentine. Je vais faire ça, oui. Je n'ai pas le cœur de le laisser tout seul ! »

Clara fait **demi-tour** et retourne dans l'appartement familial. Mais c'est sur le chemin de retour qu'elle réalise : elle n'a demandé à personne l'autorisation ! Et surtout, il y a Merlin, le gros chat **paresseux**. Elle avait oublié le chat. Évidemment. Parce qu'elle n'aime pas trop les chats, et que Merlin est toujours en train de dormir **loin** d'elle. Elle ne **s'en occupe** pas. Elle **s'assoit** sur un banc pour **réfléchir**. En plus, ce chien n'est sûrement pas vacciné. Il a **peut-être** des puces. Elle ne sait pas ce qu'elle **doit** faire, alors elle appelle Céline :

Manquer (verbe) : to miss
Journée (f) (nom commun) : day
Demi-tour (m) (nom commun) : u-turn
Paresseux (adjectif) : lazy
Loin (adverbe) : far away
S'en occuper (verbe) : to take care of
S'asseoir (verbe) : to sit
Réfléchir (verbe) : to think
Peut-être (adverbe) : maybe
Devoir (verbe) : to have to

« Allô, Céline ? Excuse-moi de te **déranger**, mais c'est une urgence, commence-t-elle. Voilà, j'ai trouvé un chiot abandonné. Il est avec moi. Mais je ne sais pas quoi faire. Il était tout seul, il était **mort de faim**. Et il est trop **chou**. Mais je fais quoi ?

- Bah bien, en effet, tu fais quoi ! On a un chat Clara ! Qu'est-ce que tu as fait ? Zut, On fait quoi maintenant ! répond Céline, un peu **exaspérée**.

- Oui, bon, j'ai peut-être **fait une bêtise**… Pardon ! Mais je ne peux plus le laisser maintenant, je l'ai **nourri** et il est tout contre moi, il a **froid** et il dort. Je peux rentrer dans l'appartement, tu crois ?

- Maman doit être à la maison. Écoute, **essaye** ! On verra ce qu'elle en pense ! »

Céline a l'air de mauvaise humeur. Bon, Clara reprend sa route. Elle **monte** les escaliers, **frappe** à la porte, Florence ouvre la porte et reste **bouche bée** : « mais, qu'est-ce que c'est ? » est son unique réaction. Clara, un peu embêtée, explique l'histoire : le chien dans la boîte, abandonné, la pâtée pour le nourrir, le chien refusé dans la salle de cours. Merlin, qui passe par là, **miaule** et se réfugie sous le canapé.

> **Déranger** (verbe) : to disturb
> **Mort de faim** (adjectif) : starving
> **Chou** (m) (nom commun) : cute, adorable
> **Exaspéré** (adjectif) : exasperated
> **Faire une bêtise** (locution verbale) : do something stupid
> **Nourrir** (verbe) : to feed
> **Froid** (adjectif) : cold
> **Essayer** (verbe) : to give it a try (in this context)
> **Monter** (verbe) : to go up
> **Frapper** (verbe) : to knock
> **Bouche bée** (locution adjectivale) : speechless
> **Miauler** (verbe) : to meow

Florence tente d'expliquer à Clara. Un **chien**, ce n'est pas un jouet. On ne peut pas prendre un chien dans la **rue** et l'y remettre. Quand on nourrit un animal, on en devient responsable. Mais Clara sait tout cela. Elle n'avait juste pas réfléchi, et elle ne sait pas quoi faire à présent ! « Entre, on va réfléchir, » dit Florence. « Il est **drôlement** mignon, dis-donc ! »

Ce n'est pas une surprise : après une **demi-heure** sur le **canapé** avec le petit animal, Florence est complètement conquise. Ce petit chiot est adorable. Et ce ne doit pas être une grande race de chien, il est très petit. La première chose à faire est d'aller chez le **vétérinaire**. Le chat s'habituera. On va **s'occuper** du chien.

Sur la route du vétérinaire, Clara s'excuse.

« Je suis désolée, je n'ai pas réfléchi... Il était tout seul, j'ai eu **peur** pour lui, explique-t-elle.

- On va trouver une solution, on va voir ce qu'on fait. Ne t'inquiète pas, je

comprends. **Mais** maintenant, tu **peux** réfléchir : on l'appelle comment ? »

Chien (m) (nom commun) : dog
Rue (f) (nom commun) : street
Drôlement (adverbe) : really (in this context)
Demi-heure (f) (nom commun) : half an hour
Canapé (m) (nom commun) : sofa
Vétérinaire (m) (nom commun) : vet
S'occuper (verbe) : to take care of
Peur (f) (nom commun) : fear
Mais (conjonction) : but
Pouvoir (verbe) : can

Questions (Chapitre 2)

1. Que trouve Clara sur le chemin de la fac ?
a) Un chat
b) Un chien
c) Un oiseau
d) Elle croise Julien

2. Que décide de faire Clara avec le petit chien ?
a) De le ramener dans la maison familiale
b) D'appeler la Société de Protection des Animaux
c) De le laisser dans la rue
d) De le donner à quelqu'un

3. Que vont faire Florence et Clara avec le petit chien ? (Plusieurs réponses possibles)
a) Elles vont le relâcher dans la rue
b) Elles vont l'emmener chez le vétérinaire
c) Elles ne savent pas encore
d) Elles vont lui trouver un nom

4. Qui est Merlin ?
a) Le gros chat paresseux
b) Le chien abandonné
c) Un ami des filles
d) Le voisin

5. Quelle est l'humeur de Céline lorsqu'elle apprend que Clara a trouvé un chiot ?
a) Elle saute de joie
b) Elle a peur des chiens
c) Elle a l'air de mauvaise humeur
d) Elle est triste

2. Clara trouve un petit chien

Mais le lendemain est une toute autre histoire ! Sur le chemin de la fac, Clara écoute de la musique sur son téléphone. Elle pense à Julien et elle se sent heureuse. Elle marche légèrement, elle est en avance, elle a le temps. Quand soudain, dans une petite rue, elle entend un petit bruit inhabituel… Elle s'arrête, coupe la musique, et cherche d'où vient le bruit. Elle regarde partout, elle ne voit rien. Elle remet sa musique et reprend sa marche, mais entend à nouveau ce petit bruit. On dirait un animal… Elle arrête encore la musique, enlève ses écouteurs… Et elle voit, dans un coin, une boîte en carton, avec un chiot à l'intérieur ! Un tout petit chien qui est seul et qui pleure !

Clara se sent bouleversée. Il est tellement craquant ! Elle s'approche doucement pour caresser la petite boule de poil. Immédiatement, le chiot lui lèche la main et remue la queue. Vraiment, Clara ne peut pas laisser ce petit animal abandonné. Et il est beaucoup trop mignon ! Et on dirait qu'il a faim. Quel âge peut-il avoir ? Elle n'en a aucune idée. Il est vraiment très petit.

Clara retire son écharpe et y place le bébé chien. Elle le transporte doucement, vérifiant autour d'elle que personne n'est là pour l'animal. Mais non, il est bien abandonné.

2. Clara finds a little dog

But the next day is a completely different story! On her way to college, Clara listens to music on her phone. She thinks of Julien and feels happy. She walks lightly, she's early, she has time. Suddenly, in a side street, she hears an unusual little noise… She stops, turns off the music, and looks for the source of the noise. She looks everywhere, but sees nothing. She puts the music back on and resumes her walk, but hears that little noise again. It sounds like an animal... She stops the music again, takes off her headphones… And she sees, in a corner, a cardboard box, with a puppy inside! A tiny, lonely, crying dog!

Clara is overwhelmed. He's so cute! She gently reaches out to stroke the little ball of fur. Immediately, the puppy licks her hand and wags his tail. Clara really can't leave this little animal abandoned. And he's much too cute! And he looks hungry. How old is he? She has no idea. He's really very small.

Clara takes off her scarf and places the baby dog in it. She carries him gently, checking around her that no one is there for the animal. But no, he's abandoned. How sad. No, she's

Quelle tristesse. Non, elle ne va pas le laisser là, sûrement pas.

Elle reprend donc sa route vers la fac, mais avec cette petite chose fragile dans son écharpe. Sur le trajet, elle s'arrête dans un magasin pour acheter un peu de pâté pour chien et un petit bol. Bien entendu, quand elle arrive à l'université, elle ne passe pas inaperçue ! Tout le monde voit le petit machin qu'elle porte et veut le caresser. Comme le chiot est un peu effrayé, elle le protège et demande gentiment aux autres de garder une distance. Le chien semble rassuré dans son écharpe. Elle s'installe dans un coin pour lui donner à manger. Qu'il est mignon ! Il est affamé, et mange tout en quelques minutes. Clara lui donne aussi à boire, et le chien fait pipi sur son écharpe. Bon, très bien. C'est un bébé, après tout. Elle lavera l'écharpe.

Mais quand elle veut entrer dans la salle de cours, le professeur l'arrête tout de suite : « Il est interdit de venir en cours avec un animal de compagnie ! » lui dit-il. Zut, comment faire ? Valentine est là, et, attendrie par la scène, propose – comme toujours – de rendre service.

« Rentre chez toi avec lui, il a l'air effrayé. Ne t'inquiète pas, tu peux manquer une journée de cours ! Je te passerai les photocopies demain, lui dit-elle.

not going to leave him there, surely not.

So she set off for college again, but with this fragile little thing in her scarf. On the way, she stops at a store to buy some dog food and a small bowl. Of course, when she arrives at the university, she doesn't go unnoticed! Everyone sees the little thing she's carrying and wants to pet it. As the puppy is a little frightened, she protects him and gently asks the others to keep their distance. The dog seems reassured in his scarf. She settles into a corner to feed him. He's so cute! He's starving, and eats everything in a few minutes. Clara also gives him a drink, and the dog pees on his scarf. Well, all right. He's a baby, after all. She'll wash the scarf.

But when she tries to enter the classroom, the teacher stops her immediately: "It's forbidden to come to class with a pet!" he tells her. Damn, what can I do? Valentine is there, and, moved by the scene, offers - as always - to help.

"Go home with him, he looks scared. Don't worry, you can miss a day of class! I'll pass on the photocopies tomorrow, she tells her.

- C'est très gentil de ta part, merci Valentine. Je vais faire ça, oui. Je n'ai pas le cœur de le laisser tout seul ! »

Clara fait demi-tour et retourne dans l'appartement familial. Mais c'est sur le chemin de retour qu'elle réalise : elle n'a demandé à personne l'autorisation! Et surtout, il y a Merlin, le gros chat paresseux. Elle avait oublié le chat. Évidemment. Parce qu'elle n'aime pas trop les chats, et que Merlin est toujours en train de dormir loin d'elle. Elle ne s'en occupe pas. Elle s'assoit sur un banc pour réfléchir. En plus, ce chien n'est sûrement pas vacciné. Il a peut-être des puces. Elle ne sait pas ce qu'elle doit faire, alors elle appelle Céline :

« Allô, Céline ? Excuse-moi de te déranger, mais c'est une urgence, commence-t-elle. Voilà, j'ai trouvé un chiot abandonné. Il est avec moi. Mais je ne sais pas quoi faire. Il était tout seul, il était mort de faim. Et il est trop chou. Mais je fais quoi ?

- Bah bien, en effet, tu fais quoi ! On a un chat Clara ! Qu'est-ce que tu as fait ? Zut, On fait quoi maintenant ! répond Céline, un peu exaspérée.

- Oui, bon, j'ai peut-être fait une bêtise… Pardon ! Mais je ne peux plus le laisser maintenant, je l'ai nourri et il est tout contre moi, il a froid et il dort. Je peux rentrer dans l'appartement, tu crois ?

- That's very kind of you, thank you, Valentine. I'll do that, yes. I don't have the heart to leave him on his own!"

Clara turns around and heads back to the family apartment. But it's on the way back that she realizes: she hasn't asked anyone's permission! And best of all, there's Merlin, the big, lazy cat. She'd forgotten about the cat. Of course she had. Because she doesn't really like cats, and Merlin is always sleeping away from her. She doesn't bother. She just sits on a bench and thinks. Besides, this dog probably hasn't been vaccinated. It might have fleas. She doesn't know what to do, so she calls Céline:

"Hello, Céline? I'm sorry to bother you, but it's an emergency, she begins. I found an abandoned puppy. He's here with me. But I don't know what to do. He was all alone, starving. And he's so cute. But what do I do?

- Well, indeed, what do you do! We've got a cat, Clara! What have you been up to? What are we going to do now! replies Céline, a little exasperated.

- Yes, well, I may have done something stupid… Sorry! But I can't leave him now, I've fed him and he's all up against me, he's cold and asleep. Do you think I could go back into the apartment?

- Maman doit être à la maison. Écoute, essaye ! On verra ce qu'elle en pense ! »

Céline a l'air de mauvaise humeur. Bon, Clara reprend sa route. Elle monte les escaliers, frappe à la porte, Florence ouvre la porte et reste bouche bée : « mais, qu'est-ce que c'est ? » est son unique réaction. Clara, un peu embêtée, explique l'histoire : le chien dans la boîte, abandonné, la pâtée pour le nourrir, le chien refusé dans la salle de cours. Merlin, qui passe par là, miaule et se réfugie sous le canapé.

Florence tente d'expliquer à Clara. Un chien, ce n'est pas un jouet. On ne peut pas prendre un chien dans la rue et l'y remettre. Quand on nourrit un animal, on en devient responsable. Mais Clara sait tout cela. Elle n'avait juste pas réfléchi, et elle ne sait pas quoi faire à présent ! « Entre, on va réfléchir, » dit Florence. « Il est drôlement mignon, dis-donc ! »

Ce n'est pas une surprise : après une demi-heure sur le canapé avec le petit animal, Florence est complètement conquise. Ce petit chiot est adorable. Et ce ne doit pas être une grande race de chien, il est très petit. La première chose à faire est d'aller chez le vétérinaire. Le chat s'habituera. On va s'occuper du chien.

Sur la route du vétérinaire, Clara s'excuse.

- Mom must be home. Listen, give it a try! We'll see what she thinks!"

Céline looks in a bad mood. Well, Clara goes on her way. She climbs the stairs, knocks on the door, Florence opens it and is left speechless: "What on earth is that?" is her only reaction. Clara, a little embarrassed, explains the story: the dog in the box, abandoned, the food to feed it, the dog refused in the classroom. Merlin, passing by, meows and takes refuge under the sofa.

Florence tries to explain to Clara. A dog is not a toy. You can't take a dog off the street and put it back. When you feed an animal, you become responsible for it. But Clara knows all this. She just hadn't thought it through, and now she doesn't know what to do! "Come in and we'll think about it," says Florence. "He's awfully cute, isn't he?"

No surprise there: after half an hour on the sofa with the little animal, Florence is completely won over. This little puppy is adorable. And it can't be a large breed of dog, it's very small. The first thing to do is go to the vet. The cat will get used to it. We'll take care of the dog.

On the way to the vet, Clara apologizes.

« Je suis désolée, je n'ai pas réfléchi… Il était tout seul, j'ai eu peur pour lui, explique-t-elle.

- On va trouver une solution, on va voir ce qu'on fait. Ne t'inquiète pas, je comprends. Mais maintenant, tu peux réfléchir : on l'appelle comment ? »

"I'm sorry, I didn't think… He was all alone, I was afraid for him, she explains.

- We'll find a solution, we'll see what we can do. Don't worry, I understand. But now you can think: what do we call him?"

Questions (Chapitre 2)

1. Que trouve Clara sur le chemin de la fac ?
a) Un chat
b) Un chien
c) Un oiseau
d) Elle croise Julien

2. Que décide de faire Clara avec le petit chien ?
a) De le ramener dans la maison familiale
b) D'appeler la Société de Protection des Animaux
c) De le laisser dans la rue
d) De le donner à quelqu'un

3. Que vont faire Florence et Clara avec le petit chien ? (Plusieurs réponses possibles)
a) Elles vont le relâcher dans la rue
b) Elles vont l'emmener chez le vétérinaire
c) Elles ne savent pas encore
d) Elles vont lui trouver un nom

4. Qui est Merlin ?
a) Le gros chat paresseux
b) Le chien abandonné
c) Un ami des filles
d) Le voisin

5. Quelle est l'humeur de Céline lorsqu'elle apprend que Clara a trouvé un chiot ?
a) Elle saute de joie
b) Elle a peur des chiens
c) Elle a l'air de mauvaise humeur
d) Elle est triste

Questions (Chapter 2)

1. What does Clara find on her way to college?
a) A cat
b) A dog
c) A bird
d) She meets Julien

2. What does Clara decide to do with the little dog?
a) Take him back to the family home
b) Call the Humane Society
c) Leave him in the street
d) Give him to someone

3. What will Florence and Clara do with the little dog? (Several answers possible)
a) Release him on the street
b) Take him to the vet
c) They don't know yet
d) They're going to name him

4. Who is Merlin?
a) The big, lazy cat
b) The abandoned dog
c) A friend of the girls
d) The neighbor

5. What is Céline's mood when she learns that Clara has found a puppy?
a) She jumps for joy
b) She's afraid of dogs
c) She's in a bad mood
d) She's sad

3. Le petit chien va bien et on part en week-end avec lui

Florence et Clara sont allées chez le vétérinaire **avec** le petit chien, et le vétérinaire l'a examiné. Pas de parasites, pas de problème de **santé**. Selon lui, le chien a **à peine** deux mois, et c'est certainement un Shih Tzu. Il a expliqué à Clara : le Shih Tzu est une race de chiens très gentils, joueurs, un peu **têtus**, très intelligents et qui adorent la compagnie des humains. Ils sont petits, ils ont le **poil** long et ils sont très mignons. C'est un mâle et il va avoir besoin d'une alimentation spéciale parce qu'il est très petit. Le vétérinaire a également prescrit un **traitement** antiparasitaire à prendre tous les trois mois pendant une année, et les vaccins à partir du troisième mois. Pour le moment, l'animal est trop jeune et trop fragile pour recevoir des vaccins. Alors, il faut le **protéger** et ne pas le mettre en contact avec d'autres animaux. Le chat Merlin, à la maison, est vacciné et ne sort pas, alors ça va. Florence a pris rendez-vous pour le premier vaccin, dans un mois.

Clara commence à **s'attacher** au chiot. Quand elles sont rentrées à la maison avec le chien, Merlin s'est à nouveau réfugié sous le canapé. Quel **froussard** ! Mais assez rapidement, il comprend qu'il n'a rien à craindre et il s'approche doucement. On dirait que tout va bien se passer ! « Alors, tu as pensé au nom du chien ? » demande Florence. Mais Clara est trop **occupée** à répondre à

ses messages : Céline veut savoir comment va le chien, elle veut une photo. Valentine lui demande **également** des nouvelles et lui donne rendez-vous le lendemain pour les cours. Clara prend des photos, et elle cherche sur Internet des photos de Shih Tzu. Que c'est mignon ! Et poilu. Elle réfléchit à un nom, en anglais. Fluffy, Fluffes…. Scruffles ! C'est ça, Scruffles ! C'est **drôle**, et c'est court, et ça va bien avec la boule de poil.

Avec (préposition) : with
Santé (f) (nom commun) : health
À peine (locution adverbiale) : hardly, barely
Têtu (adjectif) : obstinate, stubborn
Poil (m) (nom commun) : hair
Traitement (m) (nom commun) : treatment
Protéger (verbe) : to protect
S'attacher (verbe pronominal) : to become attached to
Froussard (adjectif) : chicken, coward
Occupé (adjectif) : busy
Également (adverbe) : also
Drôle (adjectif) : funny

La fin de la journée est **consacrée** au chien. Il fait pipi partout ! Florence part **acheter** de la pâtée adaptée à son âge, des bols, une **caisse** pour le transporter, un petit collier et une laisse. Elle achète aussi un petit **lit** et quelques **jouets** pour chien. Elle passe ensuite à la pharmacie pour acheter la pilule antiparasitaire que le vétérinaire lui a prescrit. À la maison, elle installe du journal **par terre**, dans l'entrée, pour apprendre au chiot à faire pipi dessus. Elle râle un peu : il va falloir nettoyer tout le temps au début ! Clara est désolée, et elle promet de s'en occuper. Pendant un mois, pas question de le sortir en ville car il pourrait attraper des **maladies**… Il faut attendre les vaccins ! Donc pour lui apprendre à être propre, ce sera un peu long.

Mattéo rentre de l'école vers 16 heures. Il est tout surpris de voir la **boule de poil**, et ravi. « On le **garde**, maman ? » Florence est encore **partagée**. Elle ne sait pas si c'est une bonne idée, et elle attend le retour de Patrick pour prendre une décision. Céline rentre, puis Patrick rentre du travail. Toute l'attention est tournée vers Scruffles, qui est adorable, joueur, et tout content d'avoir de la compagnie. Il dort beaucoup, mais quand il est éveillé, il **joue** beaucoup et tout ce qu'il fait est adorable et drôle. Comment résister ? Patrick, le premier, après avoir **caressé** le petit animal, s'exprime sur la question que tout le monde se pose dans la famille : qu'est-ce qu'on fait du chien ?

« **Bon**, sérieusement… On le garde, ce chien ? dit-il. »

Mattéo explose de **joie**. Clara est toute souriante. Céline est aussi très contente, et Florence **soupire**. Elle aime déjà Scruffles, mais elle sait qu'avoir un chien, c'est une responsabilité !

Consacré (adjectif) : dedicated to
Acheter (verbe) : to buy
Caisse (f) (nom commun) : box
Lit (m) (nom commun) : bed
Jouet (m) (nom commun) : toy
Par terre (locution adverbiale) : on the floor
Maladie (f) (nom commun) : disease, sickness
Boule de poil (f) (nom commun) : furball
Garder (verbe) : to keep
Partagé (adjectif) : undecided (in this context)
Jouer (verbe) : to play
Caresser (verbe) : to pet
Bon (interjection) : right, ok
Joie (f) (nom commun) : joy, pleasure
Soupirer (verbe) : to sigh

La première semaine avec Scruffles se passe très bien. Merlin semble s'être habitué très vite, et il laisse Scruffles dormir contre lui : c'est très **mignon**. Clara rentre tous les jours plus tôt de la fac pour s'occuper de lui. Elle **nettoie** ses besoins, essaye de lui **apprendre** à **faire pipi** sur le journal. Elle lui **enseigne** son prénom, le nourrit, lui donne à boire. Très vite, un lien particulier s'installe entre Clara et Scruffles. Il la **suit** partout dans la maison quand il ne dort pas. La nuit, il dort dans la cuisine, sur son petit lit.

Le week-end arrive et la famille **part** pour quatre jours dans le Sud de la France, en Provence. Les filles et Mattéo manqueront deux jours d'école, mais c'est un week-end important : les grands-parents de Mattéo et Céline, les parents de leur mère, **fêtent** leurs 50 ans de mariage !

Mignon (adjectif) : cute
Nettoyer (verbe) : to clean up
Apprendre (verbe) : to learn
Faire pipi (locution verbale) : to pee
Enseigner (verbe) : to teach

Suivre (verbe) : to follow
Partir (verbe) : to leave, to go
Fêter (verbe) : to celebrate

Clara est **très** impatiente d'aller en Provence. Elle a entendu que les grands-parents de Céline possèdent une grande maison en pierre très ancienne, avec un grand **jardin**. Mais il y a plus de logistique que prévu, car on **emmène** Scruffles, bien entendu. Merlin peut rester quelques jours seul, et les voisins viennent une fois par jour pour le nourrir et **arroser** les plantes. Mais le petit chien est trop **malheureux** tout **seul** et on ne peut pas le laisser.

La voiture est **chargée**, tout le monde est prêt. Ce n'est pas trop loin : quatre heures de route. Ils vont dans le Luberon. Clara a regardé sur la carte, elle est un peu déçue car elle pensait voir la mer, et c'est loin de la mer. Mais Céline la **réconforte** : le Luberon est l'une des plus jolies régions de Provence, Clara va adorer ! Et Scruffles aussi.

Le **trajet** en voiture se passe presque bien. Le chien **se comporte** bien, il n'est pas malade. Il fait pipi dans sa caisse, mais c'est un bébé, il faut être patient... La famille arrive quand le soleil se couche. Les grands-parents leur font un accueil **chaleureux**, et bien sûr, sont très surpris de voir le nouvel ami de Clara ! Car il semble bien que le chien soit celui de Clara, toujours **collé** à elle. Clara est en train de réaliser qu'elle a adopté un chiot, et qu'elle va l'avoir pendant les quinze prochaines années de sa vie !

Très (adverbe) : very
Jardin (m) (nom commun) : garden
Emmener (verbe) : to take
Arroser (verbe) : to water, to spray
Malheureux (adjectif) : unhappy
Seul (adjectif) : alone
Chargé (adjectif) : loaded
Réconforter (verbe) : to comfort
Trajet (m) (nom commun) : journey, trip
Se comporter (verbe pronominal) : to behave
Chaleureux (adjectif) : warm, welcoming
Collé (adjectif) : stuck

Questions (Chapitre 3)

1. Est-ce que le petit chien est en bonne santé ?
a) Oui, il n'a aucun problème de santé
b) Non, il a des parasites
c) Non, il n'est pas très en forme
d) Non, il est malade

2. Comment est le chien ?
a) Petit avec le poil long
b) Grand avec le poil long
c) Petit avec le poil court
d) Grand avec le poil court

3. Comment Clara décide-t-elle d'appeler le chien ?
a) Scruffles
b) Shih Tzu
c) Fluffy
d) Fluffes

4. Que va chercher Florence à la pharmacie ?
a) Une pilule antiparasitaire
b) Des vaccins
c) Une lotion pour les puces
d) Un collier

5. Où la famille partent-ils pour quelques jours ? (Plusieurs réponses possibles)
a) En Provence
b) Dans le Luberon
c) Dans les Alpes
d) À Paris

3. Le petit chien va bien et on part en week-end avec lui

Florence et Clara sont allées chez le vétérinaire avec le petit chien, et le vétérinaire l'a examiné. Pas de parasites, pas de problème de santé. Selon lui, le chien a à peine deux mois, et c'est certainement un Shih Tzu. Il a expliqué à Clara : le Shih Tzu est une race de chiens très gentils, joueurs, un peu têtus, très intelligents et qui adorent la compagnie des humains. Ils sont petits, ils ont le poil long et ils sont très mignons. C'est un mâle et il va avoir besoin d'une alimentation spéciale parce qu'il est très petit. Le vétérinaire a également prescrit un traitement antiparasitaire à prendre tous les trois mois pendant une année, et les vaccins à partir du troisième mois. Pour le moment, l'animal est trop jeune et trop fragile pour recevoir des vaccins. Alors, il faut le protéger et ne pas le mettre en contact avec d'autres animaux. Le chat Merlin, à la maison, est vacciné et ne sort pas, alors ça va. Florence a pris rendez-vous pour le premier vaccin, dans un mois.

Clara commence à s'attacher au chiot. Quand elles sont rentrées à la maison avec le chien, Merlin s'est à nouveau réfugié sous le canapé. Quel froussard ! Mais assez rapidement, il comprend qu'il n'a rien à craindre

3. The little dog is doing well and we're going away for the weekend with him.

Florence and Clara went to the vet with the little dog, and the vet examined him. No parasites, no health problems. According to him, the dog is barely two months old, and is certainly a Shih Tzu. He explained to Clara: The Shih Tzu is a breed of dog that is very gentle, playful, a little stubborn, very intelligent and loves human company. They're small, long-haired and very cute. He's a male and will need a special diet because he's so small. The vet also prescribed an anti-parasite treatment to be taken every three months for a year, and vaccinations from the third month onwards. For the time being, the animal is too young and fragile to receive vaccines. So we need to protect him and keep him away from other animals. Merlin, the cat at home, is vaccinated and doesn't go out, so it's fine. Florence has made an appointment for the first vaccination, in a month's time.

Clara is starting to bond with the puppy. When they came home with the dog, Merlin again took refuge under the sofa. What a coward! But soon enough, he understands that he has nothing to fear, and

et il s'approche doucement. On dirait que tout va bien se passer ! « Alors, tu as pensé au nom du chien ? » demande Florence. Mais Clara est trop occupée à répondre à ses messages : Céline veut savoir comment va le chien, elle veut une photo. Valentine lui demande également des nouvelles et lui donne rendez-vous le lendemain pour les cours. Clara prend des photos, et elle cherche sur Internet des photos de Shih Tzu. Que c'est mignon ! Et poilu. Elle réfléchit à un nom, en anglais. Fluffy, Fluffes…. Scruffles ! C'est ça, Scruffles ! C'est drôle, et c'est court, et ça va bien avec la boule de poil.

La fin de la journée est consacrée au chien. Il fait pipi partout ! Florence part acheter de la pâtée adaptée à son âge, des bols, une caisse pour le transporter, un petit collier et une laisse. Elle achète aussi un petit lit et quelques jouets pour chien. Elle passe ensuite à la pharmacie pour acheter la pilule antiparasitaire que le vétérinaire lui a prescrit. À la maison, elle installe du journal par terre, dans l'entrée, pour apprendre au chiot à faire pipi dessus. Elle râle un peu : il va falloir nettoyer tout le temps au début ! Clara est désolée, et elle promet de s'en occuper. Pendant un mois, pas question de le sortir en ville car il pourrait attraper des maladies… Il faut attendre les vaccins ! Donc pour lui apprendre à être propre, ce sera un peu long.

he approaches gently. Looks like everything's going to be okay! "So, have you thought about the dog's name?" asks Florence. But Clara is too busy answering her messages: Céline wants to know how the dog is doing, she wants a photo. Valentine also asks for news, and gives her an appointment for class the next day. Clara takes photos, and searches the Internet for pictures of Shih Tzu. How cute! And furry. She thinks of a name. Fluffy, Fluffes…. Scruffles! That's it, Scruffles! It's funny, and it's short, and it goes well with the ball of fur.

The end of the day is all about the dog. He pees everywhere! Florence goes off to buy some age-appropriate food, bowls, a crate to carry him, a small collar and a leash. She also buys a small bed and some dog toys. She then goes to the pharmacy to buy the anti-parasite pill prescribed by the vet. At home, she puts newspaper on the floor in the hallway to teach the puppy to pee on it. She grumbles a bit: we're going to have to clean up all the time at first! Clara is sorry, and promises to take care of it. For a month, there's no question of taking him out on the town, as he could catch diseases… We have to wait for the vaccinations! So it's going to take a bit longer to potty train him.

Mattéo rentre de l'école vers 16 heures. Il est tout surpris de voir la boule de poil, et ravi. « On le garde, maman ? » Florence est encore partagée. Elle ne sait pas si c'est une bonne idée, et elle attend le retour de Patrick pour prendre une décision. Céline rentre, puis Patrick rentre du travail. Toute l'attention est tournée vers Scruffles, qui est adorable, joueur, et tout content d'avoir de la compagnie. Il dort beaucoup, mais quand il est éveillé, il joue beaucoup et tout ce qu'il fait est adorable et drôle. Comment résister ? Patrick, le premier, après avoir caressé le petit animal, s'exprime sur la question que tout le monde se pose dans la famille : qu'est-ce qu'on fait du chien ?

« Bon, sérieusement… On le garde, ce chien ? » dit-il.

Mattéo explose de joie. Clara est toute souriante. Céline est aussi très contente, et Florence soupire. Elle aime déjà Scruffles, mais elle sait qu'avoir un chien, c'est une responsabilité !

La première semaine avec Scruffles se passe très bien. Merlin semble s'être habitué très vite, et il laisse Scruffles dormir contre lui : c'est très mignon. Clara rentre tous les jours plus tôt de la fac pour s'occuper de lui. Elle nettoie ses besoins, essaye de lui apprendre à faire pipi sur le journal. Elle lui enseigne son

Mattéo comes home from school around 4pm. He's surprised to see the fur ball, and delighted. "Shall we keep him, Mom?" Florence is still divided. She doesn't know if it's a good idea, and waits for Patrick to return before making a decision. Céline comes home, then Patrick returns from work. All attention is on Scruffles, who is adorable, playful, and just happy to have company. He sleeps a lot, but when he's awake, he plays a lot and everything he does is adorable and funny. How can you resist? Patrick, the first, after petting the little animal, expresses himself on the question that's on everyone's mind in the family: What do we do with the dog?

"Seriously, do we keep the dog?" he says.

Mattéo explodes with joy. Clara is all smiles. Céline is also very happy, and Florence sighs. She already loves Scruffles, but she knows that having a dog is a responsibility!

The first week with Scruffles goes very well. Merlin seems to have got used to him very quickly, and he lets Scruffles sleep against him: it's very cute. Clara comes home early from college every day to look after him. She cleans up his mess, tries to teach him to pee on the newspaper. She teaches him his name, feeds him and

prénom, le nourrit, lui donne à boire. Très vite, un lien particulier s'installe entre Clara et Scruffles. Il la suit partout dans la maison quand il ne dort pas. La nuit, il dort dans la cuisine, sur son petit lit.

Le week-end arrive et la famille part pour quatre jours dans le Sud de la France, en Provence. Les filles et Mattéo manqueront deux jours d'école, mais c'est un week-end important : les grands-parents de Mattéo et Céline, les parents de leur mère, fêtent leurs 50 ans de mariage !

Clara est très impatiente d'aller en Provence. Elle a entendu que les grands-parents de Céline possèdent une grande maison en pierre très ancienne, avec un grand jardin. Mais il y a plus de logistique que prévu, car on emmène Scruffles, bien entendu. Merlin peut rester quelques jours seul, et les voisins viennent une fois par jour pour le nourrir et arroser les plantes. Mais le petit chien est trop malheureux tout seul et on ne peut pas le laisser.

La voiture est chargée, tout le monde est prêt. Ce n'est pas trop loin : quatre heures de route. Ils vont dans le Luberon. Clara a regardé sur la carte, elle est un peu déçue car elle pensait voir la mer, et c'est loin de la mer. Mais Céline la réconforte : le Luberon est l'une des plus jolies régions de Provence, Clara va

gives him a drink. Clara and Scruffles soon form a special bond. He follows her around the house when he's not sleeping. At night, he sleeps in the kitchen on her crib.

The weekend arrives, and the family heads off for four days in the South of France, to Provence. The girls and Mattéo will miss two days of school, but it's an important weekend: Mattéo and Céline's grandparents, their mother's parents, are celebrating their 50th wedding anniversary!

Clara can't wait to go to Provence. She's heard that Céline's grandparents own a big old stone house with a large garden. But there are more logistics than expected, as Scruffles is being taken along, of course. Merlin can stay on his own for a few days, and the neighbors come once a day to feed him and water the plants. But the little dog is too unhappy on his own, and we can't leave him.

The car is loaded and everyone is ready. It's not too far: a four-hour drive. They're going to the Luberon. Clara looks at the map and is a little disappointed, as she thought she'd see the sea, but it's a long way from it. But Céline comforts her: The Luberon is one of the prettiest regions of Provence, and Clara is

adorer ! Et Scruffles aussi.

Le trajet en voiture se passe presque bien. Le chien se comporte bien, il n'est pas malade. Il fait pipi dans sa caisse, mais c'est un bébé, il faut être patient… La famille arrive quand le soleil se couche. Les grands-parents leur font un accueil chaleureux, et bien sûr, sont très surpris de voir le nouvel ami de Clara ! Car il semble bien que le chien soit celui de Clara, toujours collé à elle. Clara est en train de réaliser qu'elle a adopté un chiot, et qu'elle va l'avoir pendant les quinze prochaines années de sa vie !

going to love it! And so will Scruffles.

The car journey goes almost smoothly. The dog behaves well, he's not sick. He pees in his crate, but he's a baby, so you have to be patient… The family arrives just as the sun is setting. The grandparents give them a warm welcome, and are naturally very surprised to see Clara's new friend! For it seems that the dog is Clara's dog, always glued to her. Clara is realizing that she's adopted a puppy, and that she's going to have him for the next fifteen years of her life!

Questions (Chapitre 3)

1. Est-ce que le petit chien est en bonne santé ?
a) Oui, il n'a aucun problème de santé
b) Non, il a des parasites
c) Non, il n'est pas très en forme
d) Non, il est malade

2. Comment est le chien ?
a) Petit avec le poil long
b) Grand avec le poil long
c) Petit avec le poil court
d) Grand avec le poil court

3. Comment Clara décide-t-elle d'appeler le chien ?
a) Scruffles
b) Shih Tzu
c) Fluffy
d) Fluffes

4. Que va chercher Florence à la pharmacie ?
a) Une pilule antiparasitaire
b) Des vaccins
c) Une lotion pour les puces
d) Un collier

5. Où la famille partent-ils pour quelques jours ? (Plusieurs réponses possibles)
a) En Provence
b) Dans le Luberon
c) Dans les Alpes
d) À Paris

Questions (Chapter 3)

1. Is the little dog in good health?
a) Yes, he has no health problems
b) No, he has parasites
c) No, he's not very fit
d) No, he's sick

2. What does the dog look like?
a) Small with long hair
b) Big with long hair
c) Small with short hair
d) Large with short hair

3. What does Clara decide to call the dog?
a) Scruffles
b) Shih Tzu
c) Fluffy
d) Fluffes

4. What is Florence looking for at the pharmacy?
a) Anti-parasite pills
b) Vaccines
c) Flea lotion
d) A collar

5. Where does the family go for a few days? (Several answers possible)
a) Provence
b) Luberon
c) In the Alps
d) Paris

4. Anniversaire de mariage des grands-parents

Ah ! La Provence ! Les oliviers, les figuiers, les **champs** de lavande – pas encore en fleurs à cette époque mais déjà très beaux – les jolis villages en pierre avec leurs petites églises et leurs **châteaux**… Le paradis sur **Terre** ! C'est ce que se dit Clara en se promenant dans le village le premier matin de leur week-end prolongé. Elle a laissé le petit chien à la maison, pris son appareil photo et elle est partie pour voir le **marché** provençal. Elle n'est pas déçue ! Tout est beau, tout sent bon. Elle espère déjà qu'ils reviendront à d'autres périodes de l'année. Elle prend une photo tous les dix mètres : la **lumière** est fantastique.

Sur la place du marché, elle trouve un café **ouvert** et elle s'installe pour boire un jus de fruit. Elle en profite pour écrire à sa famille, à ses amis, envoyer **quelques** photos, écrire quelques pages de son blog. Elle a promis d'être de retour vers 11 heures pour aider à préparer le déjeuner, elle a encore un peu de temps, et elle aimerait aussi trouver un petit **cadeau** pour les grands-parents de Céline. En effet, la raison de leur venue chez eux est une grande occasion : ils célèbrent leurs cinquante ans de mariage ! Après cette pause au café, elle se promène encore un peu pour chercher un cadeau. Elle s'arrête dans quelques magasins, puis se décide pour acheter un joli vase en **terre**

cuite d'artisanat et un beau bouquet de **fleurs**. Elle a un peu peur que ça ne plaise pas, mais se dit pour se rassurer que c'est le geste qui compte ! Elle demande un paquet cadeau, elle paye et elle se met en chemin pour rentrer à la maison. Scruffles lui manque déjà !

Champ (m) (nom commun) : field
Château (m) (nom commun) : castle
Terre (f) (nom nommun) : earth
Marché (m) (nom commun) : market
Lumière (f) (nom commun) : light
Ouvert (adjectif) : open
Quelque (adjectif) : some, a little
Cadeau (m) (nom commun) : gift, present
Terre cuite (f) (nom commun) : terra cotta
Fleur (f) (nom commun) : flower

Mais quand elle arrive, Scruffles dort… Il dort tout le temps ! C'est un chiot, et c'est normal. **De toute façon**, c'est le moment de préparer le repas. Clara monte dans sa chambre pour **cacher** son cadeau, puis elle retrouve la famille sur la terrasse. Ils finissent le café en discutant du menu du jour. Tomates farcies, poisson en papillote, salade de tomates et de **concombres**, et en dessert, une **tarte** au citron meringuée. Ce **soir**, on mangera du **canard** (la viande favorite de Mattéo) et on aura du foie gras en entrée. Il y aura, bien sûr, du champagne et des jus de fruit. **Miam** ! Dans l'après-midi, après le déjeuner, on prendra la voiture pour se rendre en ville, visiter une exposition sur les peintres de Provence.

Bientôt, tout le monde s'affaire dans la cuisine. La maison, typiquement provençale, est très belle. Les murs de pierre épais protègent de la chaleur en été. La cuisine est ouverte sur la terrasse du jardin. La végétation est **variée** et belle, le jardin est grand. Les **placards** de la cuisine sont remplis de belle vaisselle provençale faite à la main. La cuisine est **spacieuse** et agréable, très lumineuse. Florence et Patrick prennent un verre de vin en commençant à couper les légumes. Clara, serviable, aide à couper les oignons.

Quand le repas est près, on met la table pour s'installer. C'est le moment que Scruffles choisit pour se réveiller : il a besoin de faire pipi. Clara est très attentive **déjà** à lui apprendre les bonnes manières : elle l'emmène dehors en vitesse et le félicite quand il fait ses besoins dehors. Elle lui donne une **croquette** pour le récompenser, le chien est tout content. Elle commence à

vraiment l'aimer et elle adore s'en occuper. Elle prend des photos de lui tout le temps… Et elle les **envoie** à Julien, à qui elle écrit toutes les heures.

De toute façon (locution adverbiale) : anyway
Cacher (verbe) : to hide
Concombre (m) (nom commun) : cucumber
Tarte (f) (nom commun) : tart
Soir (m) (nom commun) : evening
Canard (m) (non commun) : duck
Miam (interjection) : yummy
Varié (adjectif) : varied
Placard (m) (nom commun) : cupboard
Spacieux (adjectif) : spacious
Déjà (adverbe) : already
Croquette (f) (nom commun) : dog biscuit
Envoyer : to send

C'est le moment de **passer à table** et Florence donne un jouet au chien pour qu'il s'amuse pendant que l'on mange. Le **repas** est excellent. C'est la première fois que Clara mange des tomates farcies, elle prend une photo pour la montrer à ses amis et sa famille. À la fin du repas, Mattéo est chargé d'apporter la tarte au **citron**, avec des **bougies**. C'est le moment des cadeaux. Clara apporte **le sien**, le vase et les fleurs. Cela touche beaucoup les grands-parents de Céline, qui ne s'attendaient pas à un cadeau de sa part ! Les parents de Céline offrent un week-end à Paris, avec des places pour aller voir un opéra. Et la bonne surprise, c'est que toute la famille est invitée ! Clara et Céline sont toutes excitées d'apprendre qu'elles vont passer un week-end à Paris dans l'année. La date est encore à **définir**, mais **chacun** dit que le mois de juin, après les partiels du second semestre des filles, serait idéal.

Quand le repas est terminé, la table **débarrassée** et la vaisselle faite, on fait une petite pause. Patrick lit le journal, Mattéo joue sur son téléphone, Clara et Céline s'occupent de Scruffles et les grands-parents jouent au Scrabble. Après une heure, chacun se prépare pour prendre la voiture et aller voir l'exposition.

Passer à table (locution verbale) : to sit down to eat
Repas (m) (nom commun) : meal
Citron (m) (nom commun) : lemon
Bougie (f) (nom commun) : candle

Le sien (pronom possessif) : his, hers
Définir (verbe) : to define
Chacun (pronom) : each
Débarrasser (verbe) : to clear (the table)

« On peut prendre Scruffles ? **demandent** Clara et Céline,

- Non, il **faut** apprendre au chien à rester un peu tout seul, répond Florence. Il a des jouets, de l'eau, son coussin. Tout ira bien ! »

Les filles sont un peu déçues... Mais en effet, le petit chien va devoir **rester** tout seul quand tout le monde **sera** au travail ou à l'école !

L'exposition est **magnifique**. Clara découvre de grands peintres de Provence, Cézanne, Dufy... C'est superbe. Les lumières, les couleurs, cela lui rappelle vraiment ses **premières** impressions de la Provence. Elle se promet de visiter cette région plus tard, à toutes les saisons.

Et le week-end se poursuit ainsi, joyeusement, en famille, alternant bons repas, **lecture**, chien, visites... Clara, cependant, reste connectée sur son téléphone et discute toujours autant avec Julien. Il lui **manque**, mais elle n'arrive pas à le lui dire. Elle ne sait pas comment exprimer ses **sentiments**. En anglais, ce serait déjà difficile, alors, en français...

Mais Julien **facilite** les choses, en lui envoyant un message le samedi soir : « Clara, je crois que tu me manques. On **se voit** quand, tu **rentres** quand ? »

Demander (verbe) : to ask
Falloir (verbe) : must, to need, to have
Rester (verbe) : to stay
Être (verbe) : to be
Magnifique (adjectif) : wonderful
Premier (adjectif) : first
Lecture (f) (nom commun) : reading
Manquer : to miss
Sentiment (m) (nom commun) : feeling
Faciliter (verbe) : to make something easier
Se voir (verbe) : to see each other
Rentrer (verbe) : to come back, to go home

Questions (Chapitre 4)

1. Qui célèbrent leurs 50 ans de mariage ?
a) Les grands-parents de Clara
b) Les grands-parents de Céline
c) Les grands-parents de Florence
d) Les grand-parents de Patrick

2. Qu'est-ce que Clara leur achète en cadeau ?
a) Un week-end à Paris
b) Des places pour l'opéra
c) Elle n'a pas encore trouvé d'idée
d) Des fleurs et un vase en terre cuite

3. Que vont-ils faire l'après midi ?
a) Une promenade en ville
b) Visiter un musée
c) Aller à une exposition sur les peintres de Provence
d) Rester se reposer chez eux

4. Qui sont Cézanne et Dufy ?
a) Des grands peintres de Provence
b) Des amis rencontrés durant le week-end
c) Des amis invités à l'anniversaire de mariage
d) Les parents d'une amie

5. Qu'est-ce que Julien envoi à Clara par message ? (Plusieurs réponses possibles)
a) Qu'elle lui manque
b) Il lui demande comment elle va
c) Il lui demande quand est-ce qu'elle va rentrer
d) Il lui demande comment se passent les vacances

4. Anniversaire de mariage des grands-parents

Ah ! La Provence ! Les oliviers, les figuiers, les champs de lavande – pas encore en fleurs à cette époque mais déjà très beaux – les jolis villages en pierre avec leurs petites églises et leurs châteaux… Le paradis sur Terre ! C'est ce que se dit Clara en se promenant dans le village le premier matin de leur week-end prolongé. Elle a laissé le petit chien à la maison, pris son appareil photo et elle est partie pour voir le marché provençal. Elle n'est pas déçue ! Tout est beau, tout sent bon. Elle espère déjà qu'ils reviendront à d'autres périodes de l'année. Elle prend une photo tous les dix mètres : la lumière est fantastique.

Sur la place du marché, elle trouve un café ouvert et elle s'installe pour boire un jus de fruit. Elle en profite pour écrire à sa famille, à ses amis, envoyer quelques photos, écrire quelques pages de son blog. Elle a promis d'être de retour vers 11 heures pour aider à préparer le déjeuner, elle a encore un peu de temps, et elle aimerait aussi trouver un petit cadeau pour les grands-parents de Céline. En effet, la raison de leur venue chez eux est une grande occasion : ils célèbrent leurs cinquante ans de mariage ! Après cette pause au café, elle se promène encore un peu pour chercher un cadeau. Elle s'arrête dans quelques magasins, puis se décide pour acheter un joli vase en terre cuite d'artisanat

4. Grandparents' wedding anniversary

Ah, Provence! Olive trees, fig trees, lavender fields - not yet in bloom at the time, but already beautiful - pretty stone villages with their little churches and castles… Paradise on Earth! That's what Clara tells herself as she strolls through the village on the first morning of their long weekend. She left the little dog at home, grabbed her camera and set off to see the Provencal market. She wasn't disappointed! Everything is beautiful, everything smells good. She already hopes they'll come back at other times of the year. She takes a photo every ten meters: the light is fantastic.

In the market square, she finds an open café and settles down to drink a fruit juice. She takes the opportunity to write to her family and friends, send a few photos and write a few pages of her blog. She's promised to be back around 11 a.m. to help prepare lunch, so she still has a little time, and she'd also like to find a little present for Céline's grandparents. Indeed, the reason for their visit is a very special occasion: they're celebrating their fiftieth wedding anniversary! After her break at the café, she wanders around a bit more in search of a gift. She stops off at a few stores, then decides to buy a pretty terracotta craft vase and a beautiful bouquet of flowers. She's

et un beau bouquet de fleurs. Elle a un peu peur que ça ne plaise pas, mais se dit pour se rassurer que c'est le geste qui compte ! Elle demande un paquet cadeau, elle paye et elle se met en chemin pour rentrer à la maison. Scruffles lui manque déjà !

Mais quand elle arrive, Scruffles dort… Il dort tout le temps ! C'est un chiot, et c'est normal. De toute façon, c'est le moment de préparer le repas. Clara monte dans sa chambre pour cacher son cadeau, puis elle retrouve la famille sur la terrasse. Ils finissent le café en discutant du menu du jour. Tomates farcies, poisson en papillote, salade de tomates et de concombres, et en dessert, une tarte au citron meringuée. Ce soir, on mangera du canard (la viande favorite de Mattéo) et on aura du foie gras en entrée. Il y aura, bien sûr, du champagne et des jus de fruit. Miam ! Dans l'après-midi, après le déjeuner, on prendra la voiture pour se rendre en ville, visiter une exposition sur les peintres de Provence.

Bientôt, tout le monde s'affaire dans la cuisine. La maison, typiquement provençale, est très belle. Les murs de pierre épais protègent de la chaleur en été. La cuisine est ouverte sur la terrasse du jardin. La végétation est variée et belle, le jardin est grand. Les placards de la cuisine sont remplis de belle vaisselle provençale faite à la main. La cuisine est spacieuse et agréable, très lumineuse. Florence et

a little worried that she won't like it, but reassures herself that it's the thought that counts! She asks for a gift pack, pays and sets off for home. She already misses Scruffles!

But when she arrives, Scruffles is asleep... He sleeps all the time! He's a puppy, and that's normal. Anyway, it's time to prepare dinner. Clara goes up to her room to hide her present, then meets the family on the terrace. They finish their coffee and discuss the day's menu. Stuffed tomatoes, fish en papillote, tomato and cucumber salad, and lemon meringue pie for dessert. Tonight, we'll be having duck (Mattéo's favorite meat) and foie gras for starters. There will, of course, be champagne and fruit juices. Yum! In the afternoon, after lunch, we'll take the car into town to visit an exhibition on the painters of Provence.

Soon, everyone is busy in the kitchen. The house, typically Provençal, is very beautiful. The thick stone walls keep out the heat in summer. The kitchen opens onto the garden terrace. The vegetation is varied and beautiful, and the garden is large. The kitchen cupboards are filled with beautiful handmade Provencal crockery. The kitchen is spacious and pleasant, with plenty of natural light.

Patrick prennent un verre de vin en commençant à couper les légumes. Clara, serviable, aide à couper les oignons.

Quand le repas est près, on met la table pour s'installer. C'est le moment que Scruffles choisit pour se réveiller : il a besoin de faire pipi. Clara est très attentive déjà à lui apprendre les bonnes manières : elle l'emmène dehors en vitesse et le félicite quand il fait ses besoins dehors. Elle lui donne une croquette pour le récompenser, le chien est tout content. Elle commence à vraiment l'aimer et elle adore s'en occuper. Elle prend des photos de lui tout le temps… Et elle les envoie à Julien, à qui elle écrit toutes les heures.

C'est le moment de passer à table et Florence donne un jouet au chien pour qu'il s'amuse pendant que l'on mange. Le repas est excellent. C'est la première fois que Clara mange des tomates farcies, elle prend une photo pour la montrer à ses amis et sa famille. À la fin du repas, Mattéo est chargé d'apporter la tarte au citron, avec des bougies. C'est le moment des cadeaux. Clara apporte le sien, le vase et les fleurs. Cela touche beaucoup les grands-parents de Céline, qui ne s'attendaient pas à un cadeau de sa part ! Les parents de Céline offrent un week-end à Paris, avec des places pour aller voir un opéra. Et la bonne surprise, c'est que toute la famille est invitée ! Clara et Céline sont toutes

Florence and Patrick enjoy a glass of wine as they start chopping the vegetables. Clara, helpful, helps chop the onions.

When the meal is ready, we set the table and settle in. This is the moment Scruffles chooses to wake up: he needs to pee. Clara is already very careful to teach him good manners: she takes him outside in a hurry and congratulates him when he does his business outside. She gives him a kibble to reward him, and the dog is all happy. She's really starting to like him and loves taking care of him. She takes photos of him all the time… and sends them to Julien, to whom she writes every hour.

It's time for dinner, and Florence gives the dog a toy to play with while we eat. The meal is excellent. It's Clara's first time eating stuffed tomatoes, and she takes a photo to show her friends and family. At the end of the meal, Mattéo is in charge of bringing the lemon tart, complete with candles. It's time for presents. Clara brings her own, along with the vase and flowers. Céline's grandparents are very touched, as they weren't expecting a present from her! Céline's parents offer a weekend in Paris, with tickets to an opera. And the pleasant surprise is that the whole family is invited! Clara and Céline are all excited to learn that they'll be spending a weekend in

excitées d'apprendre qu'elles vont passer un week-end à Paris dans l'année. La date est encore à définir, mais chacun dit que le mois de juin, après les partiels du second semestre des filles, serait idéal.

Quand le repas est terminé, la table débarrassée et la vaisselle faite, on fait une petite pause. Patrick lit le journal, Mattéo joue sur son téléphone, Clara et Céline s'occupent de Scruffles et les grands-parents jouent au Scrabble. Après une heure, chacun se prépare pour prendre la voiture et aller voir l'exposition.

« On peut prendre Scruffles ? demandent Clara et Céline.

- Non, il faut apprendre au chien à rester un peu tout seul, répond Florence. Il a des jouets, de l'eau, son coussin. Tout ira bien ! »

Les filles sont un peu déçues… Mais en effet, le petit chien va devoir rester tout seul quand tout le monde sera au travail ou à l'école !

L'exposition est magnifique. Clara découvre de grands peintres de Provence, Cézanne, Dufy… C'est superbe. Les lumières, les couleurs, cela lui rappelle vraiment ses premières impressions de la Provence. Elle se promet de visiter cette région plus tard, à toutes les saisons.

Paris sometime this year. The date is still to be decided, but everyone says that June, after the girls' second semester midterms, would be ideal.

When the meal is over, the table cleared and the dishes done, we take a short break. Patrick reads the paper, Mattéo plays on his phone, Clara and Céline look after Scruffles and the grandparents play Scrabble. After an hour, everyone gets ready to take the car to see the exhibition.

"Can we take Scruffles? ask Clara and Céline.

- No, we have to teach the dog to stay on his own for a while, replies Florence. He's got toys, water and his own cushion. He'll be fine!"

The girls are a little disappointed... But indeed, the little dog will have to stay on his own when everyone's at work or school!

The exhibition is magnificent. Clara discovers the great painters of Provence, Cézanne, Dufy... It's superb. The lights, the colors, it really reminds her of her first impressions of Provence. She promises herself that she'll visit this region in the future, in all seasons.

Et le week-end se poursuit ainsi, joyeusement, en famille, alternant bons repas, lecture, chien, visites… Clara, cependant, reste connectée sur son téléphone et discute toujours autant avec Julien. Il lui manque, mais elle n'arrive pas à le lui dire. Elle ne sait pas comment exprimer ses sentiments. En anglais, ce serait déjà difficile, alors, en français…	And so the weekend goes on, happily, with the family, alternating good meals, reading, dogs, visits... Clara, however, stays connected on her phone and chats as much as ever with Julien. She misses him, but can't bring herself to say it. She doesn't know how to express her feelings. In English, it would be difficult enough, but in French...
Mais Julien facilite les choses, en lui envoyant un message le samedi soir : « Clara, je crois que tu me manques. On se voit quand, tu rentres quand ? »	But Julien makes it easy, sending her a message on Saturday evening: "Clara, I think I miss you. When are you coming home?"

Questions (Chapitre 4)

1. Qui célèbrent leurs 50 ans de mariage ?
a) Les grands-parents de Clara
b) Les grands-parents de Céline
c) Les grands-parents de Florence
d) Les grand-parents de Patrick

2. Qu'est-ce que Clara leur achète en cadeau ?
a) Un week-end à Paris
b) Des places pour l'opéra
c) Elle n'a pas encore trouvé d'idée
d) Des fleurs et un vase en terre cuite

3. Que vont-ils faire l'après midi ?
a) Une promenade en ville
b) Visiter un musée
c) Aller à une exposition sur les peintres de Provence
d) Rester se reposer chez eux

4. Qui sont Cézanne et Dufy ?
a) Des grands peintres de Provence
b) Des amis rencontrés durant le week-end
c) Des amis invités à l'anniversaire de mariage
d) Les parents d'une amie

5. Qu'est-ce que Julien envoi à Clara par message ? (Plusieurs réponses possibles)
a) Qu'elle lui manque
b) Il lui demande comment elle va
c) Il lui demande quand est-ce qu'elle va rentrer
d) Il lui demande comment se passent les vacances

Questions (Chapter 4)

1. Who are celebrating their 50th wedding anniversary?
a) Clara's grandparents
b) Céline's grandparents
c) Florence's grandparents
d) Patrick's grandparents

2. What is Clara buying them as a present?
a) A weekend in Paris
b) Opera tickets
c) She hasn't come up with an idea yet
d) Flowers and a terracotta vase

3. What will they do in the afternoon?
a) A walk in town
b) Visit a museum
c) Go to an exhibition on the painters of Provence
d) Rest at home

4. Who are Cézanne and Dufy?
a) Great painters of Provence
b) Friends they met over the weekend
c) Friends invited to the wedding anniversary
d) A friend's parents

5. What does Julien send Clara by message? (Several answers possible)
a) That he misses her
b) Asking how she is
c) Asking when she'll be home
d) Asking how the vacations are going

5. C'EST LE PRINTEMPS, ENFIN !

La famille (avec Scruffles) est rentrée à Lyon, dans le joli appartement du centre-ville. Une fois de plus, la vie reprend son cours. La fac, les amis, l'école pour Mattéo, le **travail** des parents. Julien, aussi. Et Scruffles, le nouveau **chouchou** de la famille. Merlin est jaloux, mais il n'est pas agressif avec le petit animal. Ce dernier, cela dit, essaye constamment de jouer avec lui. Le **pauvre** vieux chat ne veut pas jouer, il veut dormir. Les soirées avec les deux animaux sont devenues très drôles : le chiot courant après le chat, le chat se réfugiant en hauteur. Scruffles montre un vrai caractère **déterminé** et drôle. Il a appris à faire ses besoins sur les **journaux** en attendant de pouvoir sortir. Car le vétérinaire a confirmé : sans vaccination, il peut être risqué de le promener à l'extérieur.

Céline et Clara le prennent quand même avec elles quand elles sortent pour un café. Elles le portent **la plupart du temps**, évitent le contact avec les autres animaux. Il a l'air **curieux** de tout, c'est adorable. Et les amis des filles adorent le petit nouveau, tout le monde veut le caresser ! C'est devenu la nouvelle attraction. Même les voisins viennent le voir de temps en temps. Scruffles se montre très sociable, joueur et intelligent. Une parfaite petite boule de poil !

C'est Julien qui aime encore plus le chien. Il l'a rencontré la première semaine

du retour de Clara et sa famille d'adoption. Mardi soir, après les cours, ils se sont retrouvés dans un café, dans le **quartier** de la Guillotière. Clara était très inquiète de le revoir. Allaient-ils encore se plaire ? Avaient-ils des choses à se dire ? Mais après quelques minutes, ils recommençaient à discuter sans fin. Ils ont échangé au sujet de leurs **goûts** musicaux, les films qu'ils préfèrent, les endroits où ils rêvent de **voyager**. Julien rêve de visiter l'Australie, Clara voudrait aller en Chine. Ils sont en train de parler de leurs goûts littéraires quand Céline les rejoint, après ses cours.

Travail (m) (nom commun) : work
Chouchou (m) (nom commun) : favorite
Pauvre (adjectif) : poor, unlucky
Déterminé (adjectif) : determined
Journal (m) (nom commun) : newspaper
La plupart du temps (locution adverbiale) : most of the time
Curieux (adjectif) : curious
Quartier (m) (nom commun) : neigborhood
Goût (m) (nom commun) : taste
Voyager (verbe) : to travel

« Salut Julien ! Alors c'est toi qui prends chaque minute du temps de **cerveau** de Clara ? dit-elle en arrivant.

- Oh, **arrête**, on ne s'écrit pas tout le temps non plus ! répond Clara, un peu embarrassée.

- Salut Céline, dit Julien à son tour. **Ravie** de te rencontrer. Tu es étudiante aussi ?

- Oui ! Je suis à Lyon III, à l'université. J'étudie le **droit**, répond-elle. C'est ma première **année**.

- Je vois, c'est du solide, le droit. Tu dois avoir beaucoup de travail ? **interroge** Julien.

- Oui, c'est vrai. Mais on a aussi du temps **libre** ! Tu fais quoi, ce week-end ? Il va faire beau, c'est le début du printemps, on va se promener avec les copains ? Tu connais Max et Anouk ?

- Je ne les ai pas encore présentés, répond Clara. En tous cas, moi, je suis

partante pour une promenade au soleil ! On pourrait aller sur les quais de la Saône ? Avec Scruffles ! Et Valentine, si elle est libre.

- Brillante idée ! Je viens aussi, s'exclame Julien. »

Les trois amis discutent encore pendant une bonne heure, puis décident de rentrer. Le petit chien **s'impatiente**, il a faim. Céline a faim aussi. Sur le chemin du retour, Céline complimente Clara au sujet de Julien. Elle le trouve beau, gentil et intéressant. Bravo ! Céline aimerait bien rencontrer quelqu'un elle aussi. Elle avait un copain au lycée, mais ils se sont séparés **pendant** les vacances, et ne se sont jamais revus. Elle n'a plus de contact avec lui. Au début, il lui a beaucoup manqué, mais aujourd'hui elle est passée à autre chose et elle se sent prête pour une nouvelle rencontre. Ça viendra !

Quand le week-end arrive, après une semaine paisible à la fac, Max, Anouk, Julien, Valentine, Céline et Clara se retrouvent sur la place Bellecour pour marcher ensemble vers les quais de la Saône. Comme prévu, il fait un temps merveilleux. On entend même les oiseaux ! Il n'y a pas encore de **feuilles** dans les arbres mais on voit déjà les **bourgeons**, promesses d'un beau printemps. Il y a du monde en promenade ce jour-là. On dirait que tous les Lyonnais veulent profiter du beau temps !

Cerveau (m) (nom commun) : brain
Arrêter (verbe) : to stop
Ravi (adjectif) : thrilled
Droit (m) (nom commun) : law
Année (f) (nom commun) : year
Interroger (verbe) : to question, to ask questions
Libre (adjectif) : free
S'impatienter (verbe pronominal) : to lose patience
Pendant (préposition) : during
Feuille (f)(nom commun) : leaf
Bourgeon (m) (nom commun) : bud

Les amis marchent une petite heure puis s'installent sur les **berges** de la rivière. Ils ont **prévu** un pique-nique : salade de **riz**, fromage, saucisson et pain. Valentine a **apporté** des fruits pour le dessert. Céline a pris quelques livres de ses poètes favoris : elle a prévu de déclamer quelques **poèmes**, parce que c'est quelque chose qu'elle fait chaque année au premier jour du printemps. Cela fait beaucoup rire ses amis, mais finalement, tout le monde

se prend au jeu, et ils lisent tous des poèmes à tour de rôle. Clara découvre des auteurs qu'elle ne connaissait pas : Paul Verlaine, Charles Baudelaire, Guillaume Apollinaire, Jacques Prévert… Jacques Prévert est son **préféré**, parce qu'il est plus facile à comprendre et que c'est léger, **fin** et joli :

« Une minute de printemps
Dure souvent plus longtemps
Qu'une heure de décembre
Une semaine d'octobre
Une année de juillet
Un mois de février

Nomades de toujours et d'après et d'avant
Le souvenir du cœur
Et la mémoire du sang
Voyagent sans papiers et sans calendriers
Complètement étrangers
À la Nation du Temps. »

Après sa lecture, Clara se promet qu'elle va lire tout le recueil. Elle comprend de la poésie française ! Elle se sent très fière. Elle propose ensuite de lire quelques poèmes américains pour terminer la journée sur une note internationale.

Ce n'est qu'après avoir beaucoup ri, beaucoup lu et beaucoup mangé que les six amis se séparent pour rentrer chez eux ou chez leurs parents. Julien, **discrètement**, **embrasse** Clara en lui disant au revoir. Elle rougit, et c'est très mignon à voir. Valentine a vu la scène et sourit.

Berge (f) (nom commun) : riverbank
Prévoir (verbe) : to plan (in this context)
Riz (m) (nom commun) : rice
Apporter (verbe) : to bring
Poème (m) (nom commun) : poem
Préféré (adjectif) : favorite
Fin (adjectif) : fine, high quality (in this context)
Nomade (m, f) (nom commun) : nomad, traveler
Discrètement (adverbe) : discreetly
Embrasser (verbe) : to kiss

Questions (Chapitre 5)

1. Pourquoi Scruffles ne peut pas sortir dehors ?
a) Parce qu'il a peur des autres animaux
b) Parce qu'il n'est pas vacciné
c) Parce que c'est dangereux dans la ville de Lyon
d) Parce que Clara a peur de le perdre

2. Quel pays Julien rêve-t-il de visiter ?
a) L'Australie
b) Les États-Unis
c) La Chine
d) La Grèce

3. Que font Max, Anouk, Julien, Valentine, Céline et Clara quand le week-end arrive ?
a) Ils partent en week-end
b) Ils vont au restaurant
c) Ils se retrouvent sur la place Bellecour pour aller se promener
d) Ils étudient pour la semaine prochaine

4. En quelle saison est-on ?
a) Printemps
b) Été
c) Automne
d) Hiver

5. Quel est l'auteur préféré de Clara ?
a) Paul Verlaine
b) Charles Baudelaire
c) Guillaume Apollinaire
d) Jacques Prévert

5. C'est le printemps, enfin !

La famille (avec Scruffles) est rentrée à Lyon, dans le joli appartement du centre-ville. Une fois de plus, la vie reprend son cours. La fac, les amis, l'école pour Mattéo, le travail des parents. Julien, aussi. Et Scruffles, le nouveau chouchou de la famille. Merlin est jaloux, mais il n'est pas agressif avec le petit animal. Ce dernier, cela dit, essaye constamment de jouer avec lui. Le pauvre vieux chat ne veut pas jouer, il veut dormir. Les soirées avec les deux animaux sont devenues très drôles : le chiot courant après le chat, le chat se réfugiant en hauteur. Scruffles montre un vrai caractère déterminé et drôle. Il a appris à faire ses besoins sur les journaux en attendant de pouvoir sortir. Car le vétérinaire a confirmé : sans vaccination, il peut être risqué de le promener à l'extérieur.

Céline et Clara le prennent quand même avec elles quand elles sortent pour un café. Elles le portent la plupart du temps, évitent le contact avec les autres animaux. Il a l'air curieux de tout, c'est adorable. Et les amis des filles adorent le petit nouveau, tout le monde veut le caresser ! C'est devenu la nouvelle attraction. Même les voisins viennent le voir de temps en temps. Scruffles se montre très sociable, joueur et intelligent. Une parfaite petite boule de poil !

C'est Julien qui aime encore plus le

chien. Il l'a rencontré la première semaine du retour de Clara et sa famille d'adoption. Mardi soir, après les cours, ils se sont retrouvés dans un café, dans le quartier de la Guillotière. Clara était très inquiète de le revoir. Allaient-ils encore se plaire ? Avaient-ils des choses à se dire ? Mais après quelques minutes, ils recommençaient à discuter sans fin. Ils ont échangé au sujet de leurs goûts musicaux, les films qu'ils préfèrent, les endroits où ils rêvent de voyager. Julien rêve de visiter l'Australie, Clara voudrait aller en Chine. Ils sont en train de parler de leurs goûts littéraires quand Céline les rejoint, après ses cours.

« Salut Julien ! Alors c'est toi qui prends chaque minute du temps de cerveau de Clara ? dit-elle en arrivant.

- Oh, arrête, on ne s'écrit pas tout le temps non plus ! répond Clara, un peu embarrassée.

- Salut Céline, dit Julien à son tour. Ravie de te rencontrer. Tu es étudiante aussi ?

- Oui ! Je suis à Lyon III, à l'université. J'étudie le droit, répond-elle. C'est ma première année.

- Je vois, c'est du solide, le droit. Tu dois avoir beaucoup de travail ? interroge Julien.

- Oui, c'est vrai. Mais on a aussi du

met him the first week Clara and her adoptive family were back home. On Tuesday evening, after school, they met in a café in the Guillotière district. Clara was very worried about seeing him again. Would they still like each other? Did they have anything to talk about? But after a few minutes, they were back to chatting endlessly. They chatted about their musical tastes, their favorite films and their dream travel destinations. Julien dreams of visiting Australia, Clara would like to go to China. They're talking about their literary tastes when Céline joins them after class.

"Hi Julien! So you're the one taking up every minute of Clara's brain time, she says as they arrive.

- Oh, come on, we don't write to each other all the time either! replies Clara, a little embarrassed.

- Hi Céline, says Julien in turn. Nice to meet you. Are you a student too?

- Yes! I'm at university in Lyon III. I'm studying law, she replies. It's my first year.

- I see, law's a tough business. You must have a lot of work to do, don't you?

- Yes, that's true. But we've got free

temps libre ! Tu fais quoi, ce week-end ? Il va faire beau, c'est le début du printemps, on va se promener avec les copains ? Tu connais Max et Anouk ?

- Je ne les ai pas encore présentés, répond Clara. En tous cas, moi, je suis partante pour une promenade au soleil ! On pourrait aller sur les quais de la Saône ? Avec Scruffles ! Et Valentine, si elle est libre.

- Brillante idée ! Je viens aussi, s'exclame Julien. »

Les trois amis discutent encore pendant une bonne heure, puis décident de rentrer. Le petit chien s'impatiente, il a faim. Céline a faim aussi. Sur le chemin du retour, Céline complimente Clara au sujet de Julien. Elle le trouve beau, gentil et intéressant. Bravo ! Céline aimerait bien rencontrer quelqu'un elle aussi. Elle avait un copain au lycée, mais ils se sont séparés pendant les vacances, et ne se sont jamais revus. Elle n'a plus de contact avec lui. Au début, il lui a beaucoup manqué, mais aujourd'hui elle est passée à autre chose et elle se sent prête pour une nouvelle rencontre. Ça viendra !

Quand le week-end arrive, après une semaine paisible à la fac, Max, Anouk, Julien, Valentine, Céline et Clara se retrouvent sur la place Bellecour pour marcher ensemble vers les quais de la Saône. Comme

time too! What are you doing this weekend? The weather's going to be nice, it's the beginning of spring, can we go for a walk with our friends? Do you know Max and Anouk?

- I haven't introduced them yet, replies Clara. Anyway, I'm up for a walk in the sun! We could go to the quays of the Saône? With Scruffles! And Valentine, if she's free.

- Brilliant idea! I'm coming too," exclaims Julien.

The three friends chat for another hour, then decide to go home. The little dog is getting impatient and hungry. Céline is hungry too. On the way home, Céline compliments Clara on Julien. She thinks he's handsome, kind and interesting. Bravo! Céline would like to meet someone too. She had a boyfriend in high school, but they split up during the vacations and never saw each other again. She's lost touch with him. She missed him a lot at first, but now she's moved on and feels ready for a new encounter. It'll happen!

When the weekend arrives, after a quiet week at university, Max, Anouk, Julien, Valentine, Céline and Clara meet up in Place Bellecour to walk together towards the quays of the Saône. As expected, the weather

prévu, il fait un temps merveilleux. On entend même les oiseaux ! Il n'y a pas encore de feuilles dans les arbres mais on voit déjà les bourgeons, promesses d'un beau printemps. Il y a du monde en promenade ce jour-là. On dirait que tous les Lyonnais veulent profiter du beau temps !

Les amis marchent une petite heure puis s'installent sur les berges de la rivière. Ils ont prévu un pique-nique : salade de riz, fromage, saucisson et pain. Valentine a apporté des fruits pour le dessert. Céline a pris quelques livres de ses poètes favoris : elle a prévu de déclamer quelques poèmes, parce que c'est quelque chose qu'elle fait chaque année au premier jour du printemps. Cela fait beaucoup rire ses amis, mais finalement, tout le monde se prend au jeu, et ils lisent tous des poèmes à tour de rôle. Clara découvre des auteurs qu'elle ne connaissait pas : Paul Verlaine, Charles Baudelaire, Guillaume Apollinaire, Jacques Prévert... Jacques Prévert est son préféré, parce qu'il est plus facile à comprendre et que c'est léger, fin et joli :

« Une minute de printemps
Dure souvent plus longtemps
Qu'une heure de décembre
Une semaine d'octobre
Une année de juillet
Un mois de février

Nomades de toujours et d'après

is wonderful. We can even hear the birds! There are no leaves on the trees yet, but we can already see the buds, the promise of a beautiful spring. It's a busy day out. It seems that everyone in Lyon wants to take advantage of the fine weather!

The friends walk for an hour or so, then settle down on the banks of the river. They had planned a picnic: rice salad, cheese, sausage and bread. Valentine has brought fruit for dessert. Céline has taken some books by her favorite poets: she plans to declaim some poems, because it's something she does every year on the first day of spring. This makes her friends laugh a lot, but in the end, everyone joins in, and they all take turns reading poems. Clara discovers authors she didn't know before: Paul Verlaine, Charles Baudelaire, Guillaume Apollinaire, Jacques Prévert... Jacques Prévert is her favorite, because it's easier to understand and it's light, fine and pretty:

"A minute of spring
Often lasts longer
Than an hour in December
A week in October
A year in July
A month of February

Nomads of always and then and

et d'avant Le souvenir du cœur Et la mémoire du sang Voyagent sans papiers et sans calendriers Complètement étrangers À la Nation du Temps. »	now The memory of the heart And the memory of blood Traveling without papers or calendars Complete strangers To the Nation of Time."

Après sa lecture, Clara se promet qu'elle va lire tout le recueil. Elle comprend de la poésie française ! Elle se sent très fière. Elle propose ensuite de lire quelques poèmes américains pour terminer la journée sur une note internationale.

Ce n'est qu'après avoir beaucoup ri, beaucoup lu et beaucoup mangé que les six amis se séparent pour rentrer chez eux ou chez leurs parents. Julien, discrètement, embrasse Clara en lui disant au revoir. Elle rougit, et c'est très mignon à voir. Valentine a vu la scène et sourit.

After her reading, Clara promises herself she'll read the whole collection. She understands French poetry! She feels very proud. She then suggests reading a few American poems to end the day on an international note.

Only after much laughter, much reading and much eating do the six friends separate to go home or to their parents. Julien discreetly kisses Clara goodbye. She blushes, and it's very sweet to see. Valentine sees the scene and smiles.

Questions (Chapitre 5)

1. Pourquoi Scruffles ne peut pas sortir dehors ?
a) Parce qu'il a peur des autres animaux
b) Parce qu'il n'est pas vacciné
c) Parce que c'est dangereux dans la ville de Lyon
d) Parce que Clara a peur de le perdre

2. Quel pays Julien rêve-t-il de visiter ?
a) L'Australie
b) Les États-Unis
c) La Chine
d) La Grèce

3. Que font Max, Anouk, Julien, Valentine, Céline et Clara quand le week-end arrive ?
a) Ils partent en week-end
b) Ils vont au restaurant
c) Ils se retrouvent sur la place Bellecour pour aller se promener
d) Ils étudient pour la semaine prochaine

4. En quelle saison est-on ?
a) Printemps
b) Été
c) Automne
d) Hiver

5. Quel est l'auteur préféré de Clara ?
a) Paul Verlaine
b) Charles Baudelaire
c) Guillaume Apollinaire
d) Jacques Prévert

Questions (Chapter 5)

1. Why can't Scruffles go outside?
a) Because he's afraid of other animals
b) Because he hasn't been vaccinated
c) Because it's dangerous in Lyon
d) Because Clara is afraid of losing him

2. Which country does Julien dream of visiting?
a) Australia
b) United States
c) China
d) Greece

3. What do Max, Anouk, Julien, Valentine, Céline, and Clara do when the weekend arrives?
a) Go away for the weekend
b) Go to a restaurant
c) They meet at Place Bellecour to go for a walk
d) They're studying for next week

4. What season is it?
a) Spring
b) Summer
c) Autumn
d) Winter

5. Who is Clara's favorite author?
a) Paul Verlaine
b) Charles Baudelaire
c) Guillaume Apollinaire
d) Jacques Prévert

6. On fête la majorité !

Céline semble **préoccupée** ces jours-ci, Clara l'a remarqué. Elle est souvent en discussion avec ses parents, notamment avec Florence. Elle demande avec **insistance** un peu plus de **liberté**. Clara entend **certaines** de ses discussions depuis sa chambre.

« Mais ton **anniversaire** est seulement ce mois-ci, tu es tout juste majeure ! Tu ne crois pas que c'est un peu tôt pour habiter seule ? répète sa mère.

- Mais Clara et moi nous avons **dix-huit** ans dans quelques jours, et tous mes amis habitent déjà dans des appartements. J'ai envie d'indépendance ! insiste Céline. Et on pourrait habiter ensemble avec Clara ! insiste Céline.

- Et avec quel **argent** ? Et puis, c'est des responsabilités, tu sais. Le ménage, faire à manger, entretenir l'appartement, le chien, les **factures** d'électricité, de gaz, d'eau, d'Internet, et bien sûr le loyer. Vraiment, on a un appartement confortable en plein centre-ville : pourquoi voudrais-tu habiter ailleurs ! explique Florence.

- Je peux trouver un petit **boulot**, je suis sûre que Clara aussi. Et pour le reste, je te coûte bien de l'argent tous les mois ici aussi…

- Allez, calme-toi ma chérie. Je vais en parler à ton père ce soir encore. On verra ce qu'il en pense. Mais dis-moi, qu'est-ce que vous avez prévu pour votre anniversaire ? demande Florence, pour changer de sujet.

- On fait pas quelque chose en famille dimanche prochain ? interroge Céline, un peu **émotive** à cause de la conversation précédente.

- Évidemment ma belle ! Mais vous, vous allez bien sortir avec quelques **copains** le samedi soir, non ? »

Préoccupé (adjectif) : worried
Insistance (f) (nom commun) : insistence
Liberté (f) (nom commun) : freedom
Certain (adjectif) : some
Anniversaire (m) (nom commun) : birthday
Dix-huit (adjectif) : eighteen
Argent (m) (nom commun) : money
Facture (f) (nom commun) : bill
Boulot (m) (nom commun) : job
Émotif (adjectif) : emotional
Copain (m) (nom commun) : friend

En effet, samedi prochain, elles seront toutes les deux **majeures**. Elles pourront aller boire un verre avec des amis légalement ! C'est un heureux hasard, car elles sont nées à deux jours d'**intervalle**, au mois de mars. Comme leurs anniversaires **tombent** en semaine, elles ont décidé de ne rien faire de spécial avant le week-end. Bien sûr, ce dimanche, la famille de Céline va se joindre à la fête.

Cette semaine, elles préparent la soirée du samedi. Elles ne veulent pas sortir trop tard, mais elles espèrent voir tous leurs amis. Le **choix** du bar a été fait : elles iront à La Migraine, dans le quartier de Saint Paul. Depuis des années, Céline regarde ce petit bar du coin de l'œil. Il est très joli, toujours **fréquenté** par des **gens** sympathiques. Clara a réservé une table pour quinze personnes. Elles ont prévu d'apporter des pizzas, parce que La Migraine ne fait pas à manger.

La semaine passe très **vite**, entre les invitations, les préparatifs pour le dimanche. Clara est très impatiente, mais elle est aussi un peu triste de ne pas être avec sa famille le soir de son anniversaire, mardi soir. **Heureusement**, la

famille de Céline a préparé un bon **gâteau** et a prévu un appel vidéo avec les États-Unis. Mais chez elle, l'âge de la majorité est plus tard : vingt et un ans. En France, c'est plus tôt ! Et Clara trouve très sympa d'être majeure plus tôt que ses amis, **juste** parce qu'elle est dans un pays différent.

> **Majeur** (adjectif) : over the age of majority
> **Intervalle** (m) (nom commun) : interval
> **Tomber** (verbe) : to fall
> **Choix** (m) (nom commun) : choice, decision
> **Fréquenté** (adjectif) : visited
> **Gens** (m, pl) (nom commun) : people
> **Vite** (adverbe) : fast, quickly
> **Heureusement** (adverbe) : fortunately
> **Gâteau** (m) (nom commun) : cake
> **Juste** (adverbe) : just

Deux jours **plus tard**, c'est l'anniversaire de Céline. Quelle **chance** d'être nées la même semaine ! Pour elle, c'est un grand jour, une date très importante : être majeure, c'est le début de l'âge adulte. C'est le permis de conduire, la permission de boire de l'alcool, de travailler **normalement**, le **droit de vote**… La liberté, mais aussi les responsabilités ! Et, bien sûr, Céline se prépare à demander à nouveau à ses parents si elle peut habiter en colocation avec Clara. Mais elle préfère attendre encore quelques jours : elle ne veut pas **se fâcher** le jour de ses dix-huit ans, et elle pense qu'il vaut mieux laisser passer quelques jours pour engager la discussion **une nouvelle fois**.

Le samedi arrive, et les filles sont ravies. Elles se préparent toute la journée pour sortir le soir. Elles **commandent** des pizzas, s'habillent et se maquillent. En fin de journée, elles se mettent en route vers La Migraine pour retrouver leurs amis. Ils sont déjà tous arrivés et les accueillent en **chantant** « Joyeux anniversaire » très fort, si bien que tout le monde sait, dans le bar, qu'elles fêtent leurs anniversaires ! La soirée est merveilleuse. Bien sûr, Julien est venu, avec un cadeau pour les filles, et aussi un jouet pour Scruffles. Les autres amis se sont cotisés pour offrir un cadeau groupé pour les deux amies : un vol en **montgolfière** !

> **Plus tard** (locution adverbiale) : later
> **Chance** (f) (nom commun) : luck
> **Normalement** (adverbe) : normally
> **Droit de vote** (m) (nom commun) : right to vote

Se fâcher (verbe pronominal) : to get angry
Une nouvelle fois (locution adverbiale) : again, once again
Commander (verbe) : to order
Chanter (verbe) : to sing
Montgolfière (f) (nom commun) : hot-air balloon

Clara et Céline **savourent** leur première **bière**. Enfin… savourent, c'est un grand mot, car elles ne sont pas habituées. C'est un peu **amer**, pas **sucré** du tout ! Après la **moitié** du premier verre, elles rient toutes les deux de bon cœur. Mais wow, c'est un peu **fort**, non ? C'est ça, l'effet de l'alcool ? Et puis elles rentrent chez elles, quelques heures après, un peu **pompettes** et très souriantes.

Sur le chemin du retour, elles ne parlent pas. Elles observent leurs pensées, et la ville de nuit. Clara se sent très heureuse et complète. Les lumières de la ville lui semblent plus jolies ce soir, plus brillantes. Heureusement qu'elles n'ont bu que deux demis chacune !

Le lendemain matin, elles se réveillent en pleine forme pour aider à préparer la journée en famille. Clara prépare la salade, Céline met une belle table avec une **nappe** blanche et des serviettes de couleur. **Petit à petit**, la famille arrive : le frère et la belle-sœur, les grands-parents, quelques cousins, oncle et tante. Le repas s'annonce délicieux et jovial…

Savourer (verbe) : to savor
Bière (f) (nom commun) : beer
Amer (adjectif) : bitter
Sucré (adjectif) : sweet
Moitié (f) (nom commun) : half
Fort (adjectif) : strong
Pompette (adjectif) : tipsy
Nappe (f) (nom commun) : tablecloth
Petit à petit (locution adverbiale) : little by little

Questions (Chapitre 6)

1. Quel âge auront Clara et Céline ?
a) 18 ans
b) 19 ans
c) 20 ans
d) 21 ans

2. Quand est l'anniversaire de Clara et Céline ?
a) En avril
b) En mai
c) En juin
d) En mars

3. À quel âge est la majorité aux États-Unis ?
a) À 16 ans
b) À 18 ans
c) À 21 ans
d) À 23 ans

4. Que font les filles pour fêter leur anniversaire ?
a) Elles sortent au bar
b) Elles vont au restaurant
c) Elles restent à la maison
d) Elles vont se promener

5. Qu'est-ce que Clara et Céline reçoivent en cadeau ?
a) Un vol en montgolfière
b) Des places de concert
c) Un week-end organisé
d) Des livres de poèmes

6. On fête la majorité !

Céline semble préoccupée ces jours-ci, Clara l'a remarqué. Elle est souvent en discussion avec ses parents, notamment avec Florence. Elle demande avec insistance un peu plus de liberté. Clara entend certaines de ses discussions depuis sa chambre.

« Mais ton anniversaire est seulement ce mois-ci, tu es tout juste majeure ! Tu ne crois pas que c'est un peu tôt pour habiter seule ? répète sa mère.

- Mais Clara et moi nous avons dix-huit ans dans quelques jours, et tous mes amis habitent déjà dans des appartements. J'ai envie d'indépendance ! insiste Céline. Et on pourrait habiter ensemble avec Clara ! insiste Céline.

- Et avec quel argent ? Et puis, c'est des responsabilités, tu sais. Le ménage, faire à manger, entretenir l'appartement, le chien, les factures d'électricité, de gaz, d'eau, d'Internet, et bien sûr le loyer. Vraiment, on a un appartement confortable en plein centre-ville : pourquoi voudrais-tu habiter ailleurs ! explique Florence.

- Je peux trouver un petit boulot, je suis sûre que Clara aussi. Et pour le reste, je te coûte bien de l'argent tous les mois ici aussi…

- Allez, calme-toi ma chérie. Je vais

6. Celebrating legal age!

Céline seems preoccupied these days, as Clara has noticed. She's often in discussion with her parents, especially Florence. She insists on a little more freedom. Clara overhears some of her discussions from her room.

"But your birthday's only this month, you've just come of age! Don't you think it's a bit early to be living on your own? repeats her mother.

- But Clara and I are turning eighteen in a few days, and all my friends already live in apartments. I want to be independent! insists Céline. And Clara and I could live together! insists Céline.

- And with what money? Besides, it's a lot of responsibility, you know. Cleaning, cooking, taking care of the apartment, the dog, the electricity, gas, water and Internet bills, and of course the rent. Really, we've got a comfortable apartment right in the center of town: why would you want to live anywhere else! explains Florence.

- I can get a job, and I'm sure Clara can too. As for the rest, I'm costing you money every month here too…

- Calm down, darling. I'll talk to

en parler à ton père ce soir encore. On verra ce qu'il en pense. Mais dis-moi, qu'est-ce que vous avez prévu pour votre anniversaire ? demande Florence, pour changer de sujet.

- On fait pas quelque chose en famille dimanche prochain ? interroge Céline, un peu émotive à cause de la conversation précédente.

- Évidemment ma belle ! Mais vous, vous allez bien sortir avec quelques copains le samedi soir, non ? »

En effet, samedi prochain, elles seront toutes les deux majeures. Elles pourront aller boire un verre avec des amis légalement ! C'est un heureux hasard, car elles sont nées à deux jours d'intervalle, au mois de mars. Comme leurs anniversaires tombent en semaine, elles ont décidé de ne rien faire de spécial avant le week-end. Bien sûr, ce dimanche, la famille de Céline va se joindre à la fête.

Cette semaine, elles préparent la soirée du samedi. Elles ne veulent pas sortir trop tard, mais elles espèrent voir tous leurs amis. Le choix du bar a été fait : elles iront à La Migraine, dans le quartier de Saint Paul. Depuis des années, Céline regarde ce petit bar du coin de l'œil. Il est très joli, toujours fréquenté par des gens sympathiques. Clara a réservé une table pour quinze personnes. Elles ont prévu d'apporter des pizzas, parce que La Migraine ne fait pas à

your father again tonight. We'll see what he thinks. But tell me, what do you have planned for your birthday? asks Florence, changing the subject.

- Aren't we going to do something as a family next Sunday? asks Céline, a little emotional from the previous conversation.

- Of course, darling! But you're going out with a few friends on Saturday night, aren't you?"

Indeed, next Saturday they'll both be of age. They'll be able to go out and have a drink with friends legally! It's a happy coincidence, since they were born two days apart, in March. As their birthdays fall during the week, they decided not to do anything special until the weekend. Of course, on Sunday, Céline's family will be joining the party.

This week, they're planning Saturday's party. They don't want to stay out too late, but they're hoping to see all their friends. The choice of bar has been made: they'll be going to La Migraine, in the Saint Paul district. For years, Céline has watched this little bar out of the corner of her eye. It's very pretty, always frequented by friendly people. Clara has reserved a table for fifteen people. They plan to bring pizzas, because La Migraine doesn't cook.

manger.

La semaine passe très vite, entre les invitations, les préparatifs pour le dimanche. Clara est très impatiente, mais elle est aussi un peu triste de ne pas être avec sa famille le soir de son anniversaire, mardi soir. Heureusement, la famille de Céline a préparé un bon gâteau et a prévu un appel vidéo avec les États-Unis. Mais chez elle, l'âge de la majorité est plus tard : vingt et un ans. En France, c'est plus tôt ! Et Clara trouve très sympa d'être majeure plus tôt que ses amis, juste parce qu'elle est dans un pays différent.	The week passes very quickly, between invitations and preparations for Sunday. Clara can't wait, but she's also a little sad that she won't be with her family on the evening of her birthday, Tuesday night. Fortunately, Céline's family has baked a delicious cake and arranged a video call with the United States. But in the U.S., the age of majority is later: twenty-one. In France, it's earlier! And Clara thinks it's great that she's older than her friends, just because she's in a different country.
Deux jours plus tard, c'est l'anniversaire de Céline. Quelle chance d'être nées la même semaine ! Pour elle, c'est un grand jour, une date très importante: être majeure, c'est le début de l'âge adulte. C'est le permis de conduire, la permission de boire de l'alcool, de travailler normalement, le droit de vote… La liberté, mais aussi les responsabilités ! Et, bien sûr, Céline se prépare à demander à nouveau à ses parents si elle peut habiter en colocation avec Clara. Mais elle préfère attendre encore quelques jours : elle ne veut pas se fâcher le jour de ses dix-huit ans, et elle pense qu'il vaut mieux laisser passer quelques jours pour engager la discussion une nouvelle fois.	Two days later, it's Céline's birthday. What luck to be born in the same week! For her, it's a big day, a very important date: coming of age means the beginning of adulthood. It means a driver's license, permission to drink alcohol, the right to work, the right to vote… Freedom, but also responsibility! And, of course, Céline is getting ready to ask her parents again if she can share a flat with Clara. But she prefers to wait a few more days: she doesn't want to get angry on her eighteenth birthday, and thinks it's better to let a few days go by before starting the discussion all over again.
Le samedi arrive, et les filles sont	Saturday arrives, and the girls are

ravies. Elles se préparent toute la journée pour sortir le soir. Elles commandent des pizzas, s'habillent et se maquillent. En fin de journée, elles se mettent en route vers La Migraine pour retrouver leurs amis. Ils sont déjà tous arrivés et les accueillent en chantant « Joyeux anniversaire » très fort, si bien que tout le monde sait, dans le bar, qu'elles fêtent leurs anniversaires ! La soirée est merveilleuse. Bien sûr, Julien est venu, avec un cadeau pour les filles, et aussi un jouet pour Scruffles. Les autres amis se sont cotisés pour offrir un cadeau groupé pour les deux amies : un vol en montgolfière !

Clara et Céline savourent leur première bière. Enfin… savourent, c'est un grand mot, car elles ne sont pas habituées. C'est un peu amer, pas sucré du tout ! Après la moitié du premier verre, elles rient toutes les deux de bon cœur. Mais wow, c'est un peu fort, non ? C'est ça, l'effet de l'alcool ? Et puis elles rentrent chez elles, quelques heures après, un peu pompettes et très souriantes.

Sur le chemin du retour, elles ne parlent pas. Elles observent leurs pensées, et la ville de nuit. Clara se sent très heureuse et complète. Les lumières de la ville lui semblent plus jolies ce soir, plus brillantes. Heureusement qu'elles n'ont bu que deux demis chacune !

Le lendemain matin, elles se

delighted. They get ready all day for a night out. They order pizzas, get dressed and put on make-up. At the end of the day, they set off for La Migraine to meet up with their friends. They have all arrived and greet them by singing "Happy Birthday" so loudly that everyone in the bar knows they are celebrating birthdays! It's a wonderful evening. Of course, Julien came along, with a present for the girls, and a toy for Scruffles. The rest of our friends got together to offer a group gift for the two of them: a hot-air balloon ride!

Clara and Céline enjoy their first beer. Well… savoring, that's a big word, because they're not used to it. It's a bit bitter, not sweet at all! Halfway through the first glass, they're both laughing heartily. But wow, that's a bit strong, isn't it? Is that what alcohol does to you? And then they return home, a few hours later, a little tipsy and a lot smiling.

On the way home, they don't speak. They observe their thoughts, and the city at night. Clara feels very happy and complete. The city lights seem prettier tonight, brighter. It's a good thing they've only had two halves each!

The next morning, they wake up in

réveillent en pleine forme pour aider à préparer la journée en famille. Clara prépare la salade, Céline met une belle table avec une nappe blanche et des serviettes de couleur. Petit à petit, la famille arrive: le frère et la belle-sœur, les grands-parents, quelques cousins, oncle et tante. Le repas s'annonce délicieux et jovial…

great shape to help prepare the family day. Clara prepares the salad, Céline sets a beautiful table with a white tablecloth and colored napkins. Little by little, the family arrives: brother and sister-in-law, grandparents, a few cousins, uncle and aunt. The meal promises to be delicious and jovial…

Questions (Chapitre 6)

1. Quel âge auront Clara et Céline ?
a) 18 ans
b) 19 ans
c) 20 ans
d) 21 ans

2. Quand est l'anniversaire de Clara et Céline ?
a) En avril
b) En mai
c) En juin
d) En mars

3. À quel âge est la majorité aux États-Unis ?
a) À 16 ans
b) À 18 ans
c) À 21 ans
d) À 23 ans

4. Que font les filles pour fêter leur anniversaire ?
a) Elles sortent au bar
b) Elles vont au restaurant
c) Elles restent à la maison
d) Elles vont se promener

5. Qu'est-ce que Clara et Céline reçoivent en cadeau ?
a) Un vol en montgolfière
b) Des places de concert
c) Un week-end organisé
d) Des livres de poèmes

Questions (Chapter 6)

1. How old will Clara and Céline be?
a) 18
b) 19
c) 20
d) 21

2. When are Clara and Céline's birthdays?
a) In April
b) May
c) In June
d) March

3. What is the age of majority in the United States?
a) 16
b) 18
c) 21
d) 23

4. What do the girls do to celebrate their birthday?
a) Go out to the bar
b) Go to a restaurant
c) Stay at home
d) Go for a walk

5. What do Clara and Céline receive as a present?
a) A hot-air balloon ride
b) Concert tickets
c) An organized weekend
d) Books of poems

7. Dimanche en famille

« Alors, Céline, c'était comment, ta première bière ? demande Marc, son grand **frère**, quand il arrive à la maison.

- C'était… Un peu amer, et drôle ! C'était super. On a adoré, on a passé une super soirée ! répond Céline.

- Oui, et chez moi, ce n'est pas **autorisé avant** vingt et un an ! ajoute Clara, souriante.

- Ah-ha ! s'exclame Marc. Mais c'est super, tu **prends de l'avance** !

- Ne le dites pas à mes parents, **s'il vous plaît** ! dit Clara, en riant. Je ne leur ai pas dit !

- Ils doivent bien s'en douter, **rétorque** Patrick, pour la faire rire. Allez, tout le monde est arrivé, la table est mise, c'est l'heure : champagne ! »

Et Patrick ouvre une bouteille de champagne. Plop ! Le bouchon **vol** jusqu'au plafond. Tout le monde tend son verre pour être servi – tout le monde sauf

Mattéo, qui est trop jeune, et Isabelle, qui est **enceinte**, bien sûr. On trinque aux dix-huit ans des filles. Les grands-parents de Céline sont là, et aussi une tante et un oncle, avec leurs enfants, qui sont adultes et que Clara n'avait pas encore rencontrés. Margot a vingt ans, elle habite et étudie à Paris. C'est la fille du frère de Florence, qui s'appelle François, et de sa femme, Sophie. Côme a 24 ans, il vit à Paris aussi, et il est le fils de Charlotte et Pascal, la sœur de Patrick et son mari. Côme a terminé ses études et travaille aujourd'hui dans le service marketing d'une agence qui vend des maisons **écologiques** sur plan. Quant à Margot, elle étudie la physique et les mathématiques dans une université très **réputée**. Tous les deux sont très sympas et Clara a de **longues** conversations avec eux.

Scruffles, qui n'est pas habitué à voir autant de gens, est ravi. Il veut jouer, et **saute** sur les jambes de tout le monde. Il cherche à se faire remarquer et à obtenir de l'attention. Et cela fonctionne très bien ! Chacun est en admiration devant le nouveau locataire de la famille de Céline.

Frère (m) (nom commun) : brother
Autorisé (adjectif) : allowed
Avant (préposition) : before
Prendre de l'avance (locution verbale) : to get a head start
S'il vous plaît (expression) : please
Rétorquer (verbe) : to retort
Voler (verbe) : to fly
Enceinte (adjectif) : pregnant
Écologique (adjectif) : ecological, eco-friendly
Réputé (adjectif) : renowned
Long (adjectif) : long
Sauter (verbe) : to jump

Le déjeuner se passe, comme toujours, très bien. Clara, un peu pompette, rit beaucoup et parle avec **aisance**. Son niveau de français l'impressionne elle-même ! L'effet **désinhibiteur** de l'alcool fait des merveilles sur son expression orale, et elle se surprend à faire des **jeux de mots** en français.

À la fin du repas, Isabelle apporte un magnifique gâteau au chocolat surmonté de dix-huit bougies. Après avoir fait un **vœu**, les deux jeunes adultes **soufflent** sur les bougies en même temps. Tout le monde **applaudit** ou prend des photos, puis on **coupe** le gâteau. Il est excellent. Vient le temps d'offrir les cadeaux ! Les deux amies sont très gâtées par toute la famille. Mais

le cadeau le plus important, pour Céline, c'est son permis de conduire : ses parents lui offrent un an de cours et l'examen pour le **code** et la conduite. Dans un an, si elle fait des efforts, Céline pourra conduire. C'est son rêve : pouvoir acheter une voiture, et aller où elle veut, quand elle veut.

Quand le repas est terminé, la table débarrassée et la vaisselle faite, Florence s'installe dans la cuisine pour préparer **quelque chose** de spécial. Elle sort un gros appareil tout blanc qui interroge Clara. Elle rejoint la mère de Céline dans la cuisine pour proposer de l'aide. Florence accepte avec plaisir, et elle lui explique ce qu'elle prépare :

Aisance (f) (nom commun) : ease
Désinhibiteur (adjectif) : desinhibiter
Jeu de mots (m) (nom commun) : pun, play on words
Vœu (m) (nom commun) : wish
Souffler (verbe) : to blow
Applaudir (verbe) : to applaud, to clap
Couper (verbe) : to cut
Code (m) (nom commun) : traffic law
Quelque chose (pronom) : something

« Dans la région **où** je suis née, dans le Dauphiné, près des Alpes, il existe une tradition après le **Carême**. Le Carême, dans la Bible, c'est la période de quarante jours du Christ dans le désert. À la fin de cette période de **jeûne**, traditionnellement, il y a un carnaval. Cela se passe **surtout** dans les écoles… Sauf dans le nord de la France et dans certaines régions où le carnaval est une vraie fête ! Et, on arrête de jeûner. Alors on cuisine. Dans le Dauphiné, on cuisine des bugnes : c'est cette sorte de pâtisserie **frite** et sucrée. Tu vas voir. »

Florence montre à Clara une photo trouvée sur Internet, et lui explique comment préparer la **pâte**. Quand la pâte est prête, elle **branche** le gros appareil blanc sur l'électricité. C'est une **friteuse** ! Pour frire les aliments dans l'huile. Céline vient pour aider à faire frire les bugnes, et Isabelle **tamise** le sucre glace sur les bugnes quand elles sont bien cuites. Ça a l'air délicieux, mais c'est trop chaud ! Il faut attendre que ça **refroidisse** pour les déguster.

Où (adverbe) : where
Carême (m) (nom commun) : Lent
Jeûne (m) (nom commun) : fast, fasting

Surtout (adverbe) : especially
Frit (adjectif) : fried
Pâte (f) (nom commun) : dough
Brancher (verbe) : to connect, to plug in
Friteuse (f) (nom commun) : fryer
Tamiser (verbe) : to sieve
Refroidir (verbe) : to cool down

Quand tout est terminé, les filles sortent se promener une petite heure avec les cousins et cousines, pour voir s'il y a encore un **défilé** de carnaval dans la rue. En effet, il y a un groupe d'**enfants** dans le **centre-ville**, tous **déguisés**, en princesses, en dragons, en pirates, en indiens, en policiers, en **fantômes**, en chats, en **cheval**, en **fées**, en magiciens ou en squelettes… C'est très drôle ! Clara prend plein de photos. Les déguisements sont tous faits maison, très originaux et **colorés**. Les enfants jouent, rient et jettent des confettis. Quelle belle fin de semaine pour Clara !

Quand ils rentrent à la maison, elle retrouve son téléphone avec quelques messages : Julien, qui lui demande si sa journée s'est bien passée. Et ses parents, qui lui offrent un peu d'argent pour s'acheter de nouveaux **vêtements** français pour le printemps et l'été. Chouette !

Défilé (m) (nom commun) : parade
Enfant (m) (nom commun) : child
Centre-ville (m) (nom commun) : city center
Déguisé (adjectif) : dressed up
Fantôme (m) (nom commun) : ghost
Cheval (m) (nom commun) : horse
Fée (f) (nom commun) : fairy
Coloré (adjectif) : colored
Vêtements (m, pl) (nom commun) : clothes

Questions (Chapitre 7)

1. Qu'est-ce que Céline a bu pour la première fois au bar ?
a) Du vin
b) De la bière
c) Du champagne
d) De la vodka

2. Qu'est-ce que Patrick ouvre ?
a) Une bouteille de champagne
b) Une bouteille de bière
c) Une bouteille de vin
d) Une bouteille de vodka

3. Pourquoi Isabelle ne boit pas de champagne ?
a) Parce qu'elle n'aime pas
b) Parce qu'elle conduit après
c) Parce qu'elle n'en a pas envie
d) Parce qu'elle est enceinte

4. Comment s'appelle le frère de Florence ?
a) Pascal
b) Patrick
c) François
d) Mattéo

5. Qu'est-ce que des bugnes ?
a) C'est une pâtisserie
b) C'est un gâteau d'anniversaire
c) C'est un plat salé
d) Ce sont des fruits

7. Dimanche en famille

« Alors, Céline, c'était comment, ta première bière ? demande Marc, son grand frère, quand il arrive à la maison.

- C'était… Un peu amer, et drôle ! C'était super. On a adoré, on a passé une super soirée ! répond Céline.

- Oui, et chez moi, ce n'est pas autorisé avant vingt et un an ! ajoute Clara, souriante.

- Ah-ha ! s'exclame Marc. Mais c'est super, tu prends de l'avance !

- Ne le dites pas à mes parents, s'il vous plaît ! dit Clara, en riant. Je ne leur ai pas dit !

- Ils doivent bien s'en douter, rétorque Patrick, pour la faire rire. Allez, tout le monde est arrivé, la table est mise, c'est l'heure : champagne ! »

Et Patrick ouvre une bouteille de champagne. Plop ! Le bouchon vol jusqu'au plafond. Tout le monde tend son verre pour être servi – tout le monde sauf Mattéo, qui est trop jeune, et Isabelle, qui est enceinte, bien sûr. On trinque aux dix-huit ans des filles. Les grands-parents de Céline sont là, et aussi une tante et un oncle, avec leurs enfants, qui sont adultes et que Clara n'avait pas encore rencontrés. Margot a vingt ans, elle habite et étudie à Paris.

7. Family Sunday

"So, Céline, how was your first beer? asks Marc, her big brother, when he arrives home.

- It was… A little bitter, and funny! It was great. We loved it, we had a great time! answers Céline.

- Yes, and in my house, it's not allowed until you're twenty-one! adds Clara, smiling.

- Ah-ha! exclaims Marc. But that's great, you're ahead of the game!

- Please don't tell my parents! says Clara, laughing. I haven't told them!

- I'm sure they know, retorts Patrick, to make her laugh. Come on, everyone's arrived, the table's set, it's time for champagne!"

And Patrick opens a bottle of champagne. Plop! The cork flies to the ceiling. Everyone holds out their glass to be served - everyone except Mattéo, who's too young, and Isabelle, who's pregnant, of course. We toast the girls' eighteenth birthdays. Céline's grandparents are there, and also an aunt and uncle, with their children, who are adults and whom Clara had not yet met. Margot is twenty, living and studying in Paris. She is the daughter of Florence's brother,

C'est la fille du frère de Florence, qui s'appelle François, et de sa femme, Sophie. Côme a 24 ans, il vit à Paris aussi, et il est le fils de Charlotte et Pascal, la sœur de Patrick et son mari. Côme a terminé ses études et travaille aujourd'hui dans le service marketing d'une agence qui vend des maisons écologiques sur plan. Quant à Margot, elle étudie la physique et les mathématiques dans une université très réputée. Tous les deux sont très sympas et Clara a de longues conversations avec eux.

Scruffles, qui n'est pas habitué à voir autant de gens, est ravi. Il veut jouer, et saute sur les jambes de tout le monde. Il cherche à se faire remarquer et à obtenir de l'attention. Et cela fonctionne très bien ! Chacun est en admiration devant le nouveau locataire de la famille de Céline.

Le déjeuner se passe, comme toujours, très bien. Clara, un peu pompette, rit beaucoup et parle avec aisance. Son niveau de français l'impressionne elle-même ! L'effet désinhibiteur de l'alcool fait des merveilles sur son expression orale, et elle se surprend à faire des jeux de mots en français.

À la fin du repas, Isabelle apporte un magnifique gâteau au chocolat surmonté de dix-huit bougies. Après avoir fait un vœu, les deux jeunes adultes soufflent sur les bougies en même temps. Tout le monde

François, and his wife, Sophie. Côme is 24, also lives in Paris, and is the son of Charlotte and Pascal, Patrick's sister and her husband. Côme has completed his studies and now works in the marketing department of an agency that sells ecological homes off-plan. Margot is studying physics and mathematics at a top university. They're both very nice people, and Clara enjoys long conversations with them.

Scruffles, not used to seeing so many people, is delighted. He wants to play, and jumps on everyone's legs. He's looking for attention. And it works! Everyone is in awe of the new tenant in Céline's family.

Lunch goes very well, as always. Clara, a little tipsy, laughs a lot and speaks with ease. Her level of French impresses even her! The alcohol's disinhibiting effect works wonders on her oral expression, and she finds herself making puns in French.

At the end of the meal, Isabelle brings a magnificent chocolate cake topped with eighteen candles. After making a wish, the two young adults blow out the candles at the same time. Everyone applauds or takes

applaudit ou prend des photos, puis on coupe le gâteau. Il est excellent. Vient le temps d'offrir les cadeaux ! Les deux amies sont très gâtées par toute la famille. Mais le cadeau le plus important, pour Céline, c'est son permis de conduire : ses parents lui offrent un an de cours et l'examen pour le code et la conduite. Dans un an, si elle fait des efforts, Céline pourra conduire. C'est son rêve : pouvoir acheter une voiture, et aller où elle veut, quand elle veut.

Quand le repas est terminé, la table débarrassée et la vaisselle faite, Florence s'installe dans la cuisine pour préparer quelque chose de spécial. Elle sort un gros appareil tout blanc qui interroge Clara. Elle rejoint la mère de Céline dans la cuisine pour proposer de l'aide. Florence accepte avec plaisir, et elle lui explique ce qu'elle prépare :

« Dans la région où je suis née, dans le Dauphiné, près des Alpes, il existe une tradition après le Carême. Le Carême, dans la Bible, c'est la période de quarante jours du Christ dans le désert. À la fin de cette période de jeûne, traditionnellement, il y a un carnaval. Cela se passe surtout dans les écoles… Sauf dans le nord de la France et dans certaines régions où le carnaval est une vraie fête ! Et, on arrête de jeûner. Alors on cuisine. Dans le Dauphiné, on cuisine des bugnes : c'est cette sorte de pâtisserie frite et sucrée. Tu vas voir. »

photos, then the cake is cut. The cake is excellent. Now it's time for the presents! The two friends are very spoiled by the whole family. But the most important gift for Céline is her driving license: her parents are giving her a year of lessons and the exam for the code and driving. In a year's time, if she makes the effort, Céline will be able to drive. That's her dream: to be able to buy a car and go wherever she wants, whenever she wants.

When the meal is over, the table cleared and the dishes done, Florence moves into the kitchen to prepare something special. She pulls out a big white camera that asks questions of Clara. She joins Céline's mother in the kitchen to offer her help. Florence gladly accepts, and explains what she's up to:

"In the region where I was born, in the Dauphiné, near the Alps, there's a tradition after Lent. In the Bible, Lent is Christ's forty-day period in the desert. At the end of this period of fasting, there's traditionally a carnival. Except in the north of France and in certain regions where carnival is a real festival! And we stop fasting. So we cook. In the Dauphiné, we cook bugnes: it's this kind of fried, sweet pastry. You'll see."

Florence montre à Clara une photo trouvée sur Internet, et lui explique comment préparer la pâte. Quand la pâte est prête, elle branche le gros appareil blanc sur l'électricité. C'est une friteuse ! Pour frire les aliments dans l'huile. Céline vient pour aider à faire frire les bugnes, et Isabelle tamise le sucre glace sur les bugnes quand elles sont bien cuites. Ça a l'air délicieux, mais c'est trop chaud ! Il faut attendre que ça refroidisse pour les déguster.

Quand tout est terminé, les filles sortent se promener une petite heure avec les cousins et cousines, pour voir s'il y a encore un défilé de carnaval dans la rue. En effet, il y a un groupe d'enfants dans le centre-ville, tous déguisés, en princesses, en dragons, en pirates, en indiens, en policiers, en fantômes, en chats, en cheval, en fées, en magiciens ou en squelettes… C'est très drôle ! Clara prend plein de photos. Les déguisements sont tous faits maison, très originaux et colorés. Les enfants jouent, rient et jettent des confettis. Quelle belle fin de semaine pour Clara !

Quand ils rentrent à la maison, elle retrouve son téléphone avec quelques messages : Julien, qui lui demande si sa journée s'est bien passée. Et ses parents, qui lui offrent un peu d'argent pour s'acheter de nouveaux vêtements français pour le printemps et l'été. Chouette !

Florence shows Clara a photo she found on the Internet, and explains how to prepare the dough. When the dough is ready, she plugs the big white appliance into the electricity. It's a deep fryer! For frying food in oil. Céline comes along to help fry the bugnes, and Isabelle sifts powdered sugar over them when they're cooked through. It looks delicious, but it's too hot! You have to wait for it to cool before you can eat it.

When it's all over, the girls go out for an hour's walk with their cousins, to see if there's still a carnival parade in the street. Indeed, there's a group of children in the town center, all dressed up as princesses, dragons, pirates, Indians, policemen, ghosts, cats, horses, fairies, magicians or skeletons... It's great fun! Clara takes lots of photos. The costumes are all homemade, highly original and colorful. The children play, laugh and throw confetti. What a great weekend for Clara!

When they get home, she finds her phone with a few messages: Julien, asking if her day went well. And her parents, who offer her some money to buy some new French clothes for spring and summer. Super!

Questions (Chapitre 7)

1. Qu'est-ce que Céline a bu pour la première fois au bar ?
a) Du vin
b) De la bière
c) Du champagne
d) De la vodka

2. Qu'est-ce que Patrick ouvre ?
a) Une bouteille de champagne
b) Une bouteille de bière
c) Une bouteille de vin
d) Une bouteille de vodka

3. Pourquoi Isabelle ne boit pas de champagne ?
a) Parce qu'elle n'aime pas
b) Parce qu'elle conduit après
c) Parce qu'elle n'en a pas envie
d) Parce qu'elle est enceinte

4. Comment s'appelle le frère de Florence ?
a) Pascal
b) Patrick
c) François
d) Mattéo

5. Qu'est-ce que des bugnes ?
a) C'est une pâtisserie
b) C'est un gâteau d'anniversaire
c) C'est un plat salé
d) Ce sont des fruits

Questions (Chapter 7)

1. What did Céline drink for the first time at the bar?
a) Wine
b) Beer
c) Champagne
d) Vodka

2. What is Patrick opening?
a) A bottle of champagne
b) A bottle of beer
c) A bottle of wine
d) A bottle of vodka

3. Why doesn't Isabelle drink champagne?
a) Because she doesn't like it
b) Because she drives afterwards
c) Because she doesn't feel like it
d) Because she's pregnant

4. What is Florence's brother's name?
a) Pascal
b) Patrick
c) François
d) Mattéo

5. What are bugnes?
a) It's a pastry
b) It's a birthday cake
c) It's a savory dish
d) They are fruit

8. Un grand projet : on va déménager !

La fête terminée, il faut retourner à la fac, reprendre le quotidien d'études. Avec sa **vie** sociale qui se développe, l'arrivée de son chien, son nouveau petit ami, les projets de vacances, Clara oublie presque sa routine de travail. Il faut **pourtant** s'y tenir, ne pas **lâcher**. Au mois de mai, ce sera à nouveau les révisions pour les examens finaux en juin. Il ne s'agit pas d'être en retard sur le programme ! **Au réveil**, lundi, elle fait couler un grand café et se remet au travail en prenant son petit-déjeuner. Puis, elle s'occupe un peu de Scruffles, toujours en demande d'affection, et elle part à la fac retrouver Valentine, avec le projet de passer l'après-midi à la bibliothèque pour étudier. Elle commence à faire des **fiches de révision** en avance, et elle lit un grand **ouvrage** sur l'histoire de l'art italien, **absolument** passionnant.

La journée se passe bien, comme prévu, et le soir, quand elle rentre, elle trouve Céline en pleine discussion avec ses parents. Ça a l'air sérieux ! Patrick invite Clara à s'asseoir avec eux sur le canapé.

« Bon, grande nouvelle, Clara ! Florence et moi avons décidé d'accepter le projet de **déménagement** de Céline. Nous sommes d'accord pour vous aider à vivre en colocation, dans un appartement à vous ! lui annonce-t-il. »

Céline semble absolument ravie. Elle sourit sans arrêt. Quelle joie ! Clara aussi est très contente, mais elle s'inquiète déjà : qui va payer pour l'appartement ? Il faut qu'elle appelle sa famille, pour voir s'ils sont d'accord.

« Je vais trouver un petit boulot, peut-être que tu peux aussi trouver un petit travail ? Tu parles anglais et français, je pense que tu **trouveras** facilement, lui dit Céline.

- Tu as raison… Quelle grande nouvelle ! Mais alors, nous devons chercher un appartement ! Je ne sais pas comment faire ! s'interroge Clara.

- Je vais vous aider, bien sûr, dit Florence pour la rassurer. Et **financièrement** aussi, on peut vous aider. Je comprends que c'est un besoin d'indépendance et il est bon d'apprendre à vivre sans sa famille. Vous prenez Scruffles, bien sûr ! »

Vie (f) (nom commun) : life
Pourtant (adverbe) : yet, however
Lâcher (verbe) : to give up
Au réveil (locution adverbiale) : on waking
Fiche de révision (f) (nom commun) : revision sheet, revision card
Ouvrage (m) (nom commun) : book
Absolument (adverbe) : absolutely
Déménagement (m) (nom commun) : move, house move
Trouver (verbe) : to find
Financièrement (adverbe) : financially

À chaque fois que Scruffles entend son nom, il arrive en courant. Il n'est pas **seulement** mignon, il est aussi intelligent, se dit Clara.

La première étape de ce grand projet est de déterminer les quartiers où les filles aimeraient **habiter**. Elles se mettent **tout de suite** dans cette conversation. Il faut trouver un quartier joli, sympa, et qui les rapproche de l'université, **idéalement**. Pas forcément plus **proche**, mais avec un métro à proximité. Quelques magasins, bistrots, un marché… Un quartier vivant, quoi !

Céline fait la liste de ses quartiers préférés : la Guillotière, la Croix-Rousse, Saint-Jean, les pentes de la Croix-Rousse. Clara est évidemment d'accord avec tous ces quartiers : ils sont tous **animés**, dans le centre historique de la ville, très jolis. Puis, elles se connectent ensemble sur Internet et commencent

à faire la liste des sites Internet qui proposent des listes d'appartement en **location**. Il y en a beaucoup ! Mais Florence explique qu'il faut commencer par des sites qui **proposent** des locations de particuliers à **particuliers** ; comme cela, on évite de payer des **frais** supplémentaires pour les agences.

Seulement (adverbe) : only
Habiter (verbe) : to live
Tout de suite (locution adverbiale) : immediately
Idéalement (adverbe) : ideally
Proche (adjectif) : close, near
Animé (adjectif) : animated
Location (f) (nom commun) : rental
Proposer (verbe) : to suggest
Particulier (m) (nom commun) : person, individual
Frais (m, pl) (nom commun) : costs, fee

Dans la **soirée**, Patrick **fournit** la liste des papiers nécessaires pour un **dossier** de demande de location. Cela semble bien compliqué à Clara ! Beaucoup de documents sont demandés : justificatifs d'**impôts**, contrats de travail… Bien sûr, les parents fournissent ces papiers, et ils sont les **garants** de l'appartement. C'est comme ça que ça se passe pour les étudiants. Patrick ajoute que les **propriétaires** préfèrent souvent les étudiants : car les garanties offertes par les parents sont plus sûres, plus **stables**. En France, les locataires sont très **protégés** par la loi et il est très compliqué de déloger un mauvais payeur. C'est la raison pour laquelle autant de documents attestant des conditions financières et de la stabilité du locataire sont demandés. Clara apprend beaucoup de choses, et aussi du vocabulaire : le loyer, les **charges**, les factures, les justificatifs, les impôts… C'est très intéressant.

Céline, aux anges, commence à faire une liste de critères pour l'appartement : lumineux, haut de plafond, avec un balcon. Deux chambres, une salle de bain et les toilettes séparées. Bonne condition générale mais pas de neuf : elle aime les **vieux** immeubles haussmanniens de Lyon. Calme, si possible sur cour. Pas de **rez-de-chaussée**, précise Florence. C'est un peu plus dangereux, on est plus facilement **cambriolé**. Il faut que le propriétaire accepte les animaux.

Soirée (f) (nom commun) : evening
Fournir (verbe) : to supply
Dossier (m) (nom commun) : file

Impôt (m) (nom commun) : tax
Garant (adjectif) : responsible for, guarantor
Propriétaire (m/f) (nom commun) : owner
Stable (adjectif) : stable
Protégé (adjectif) : protected
Charge (f) (nom commun) : cost
Vieux (adjectif) : old
Rez-de-chaussée (m) (nom commun) : ground floor
Cambrioler (verbe) : to burgle, to burglarize

« Meublé, aussi ? demande Céline.

- Il y a une **minorité** d'appartement meublés en France, et ils sont souvent plus chers. Nous avons quelques meubles et pour le reste, vous irez à Ikea, ou à Emmaüs ! explique Florence. »

Les **filles** cherchent **chacune** sur leur ordinateur et commencent à faire une liste d'appartements disponibles. Elles notent les pages Internet, les numéros de téléphone, et **prévoient** de prendre une heure ou deux dans la semaine pour donner des coups de téléphone aux propriétaires.

La **prochaine** étape, c'est de visiter des appartements ! Les filles sont ravies à cette idée. C'est sur cette note **joviale** que se termine la journée, à table autour d'un bon dîner. Tellement de choses se sont encore passées cette semaine ! C'est à peine **croyable**. Avant d'aller dormir, Clara écrit un message à Julien pour tout lui raconter. **Puis** elle appelle sa mère, pour lui en parler aussi. Celle-ci est très surprise, mais elle comprend et accepte. **Après tout**, sa fille devient adulte, et la colocation, c'est une excellente façon de devenir indépendante !

Minorité (f) (nom commun) : minority
Fille (f) (nom commun) : girl
Chacun (pronom) : each
Prévoir (verbe) : to plan (in this context)
Prochain (adjectif) : next
Jovial (adjectif) : jovial, cheerful
Croyable (adjectif) : credible, believable
Puis (adverbe) : then
Après tout (locution adverbiale) : after all

Questions (Chapitre 8)

1. Quand seront les examens finaux pour Clara ?
a) En mai
b) En juin
c) À la rentrée
d) En septembre

2. Que lit Clara à la bibliothèque ?
a) Un roman
b) Un journal
c) Des pages sur Internet
d) Un grand ouvrage sur l'histoire de l'art italien

3. Est-ce que Patrick et Florence ont accepté le projet de déménagement de Céline ?
a) Oui, ils ont accepté
b) Non, ils ne sont pas prêts pour le moment
c) Ils attendent les résultats des examens finaux
d) Ils ne sont pas encore sûrs et en discutent avec Céline

4. Où Céline et Clara recherchent-elles des appartements ?
a) Dans une agence
b) Elles posent des annonces en ville
c) Sur Internet
d) Elles demandent à leurs proches

5. Qui Clara contacte-t-elle avant d'aller dormir ? (Plusieurs réponses possibles)
a) Céline
b) Sa mère
c) Julien
d) Mattéo

8. Un grand projet : on va déménager !

La fête terminée, il faut retourner à la fac, reprendre le quotidien d'études. Avec sa vie sociale qui se développe, l'arrivée de son chien, son nouveau petit ami, les projets de vacances, Clara oublie presque sa routine de travail. Il faut pourtant s'y tenir, ne pas lâcher. Au mois de mai, ce sera à nouveau les révisions pour les examens finaux en juin. Il ne s'agit pas d'être en retard sur le programme ! Au réveil, lundi, elle fait couler un grand café et se remet au travail en prenant son petit-déjeuner. Puis, elle s'occupe un peu de Scruffles, toujours en demande d'affection, et elle part à la fac retrouver Valentine, avec le projet de passer l'après-midi à la bibliothèque pour étudier. Elle commence à faire des fiches de révision en avance, et elle lit un grand ouvrage sur l'histoire de l'art italien, absolument passionnant.

La journée se passe bien, comme prévu, et le soir, quand elle rentre, elle trouve Céline en pleine discussion avec ses parents. Ça a l'air sérieux ! Patrick invite Clara à s'asseoir avec eux sur le canapé.

« Bon, grande nouvelle, Clara ! Florence et moi avons décidé d'accepter le projet de déménagement de Céline. Nous sommes d'accord pour vous aider à vivre en colocation, dans un appartement à vous ! » lui

8. A big project: we're moving!

Once the party's over, it's back to college, back to the daily grind of studying. With a growing social life, the arrival of her dog, her new boyfriend and vacation plans, Clara almost forgets her work routine. But she has to stick to it, and not give up. In May, it's back to revising for final exams in June. There's no question of being behind schedule! When she wakes up on Monday, she makes a large pot of coffee and gets back to work with breakfast. Then she takes care of Scruffles, always in need of affection, and heads off to college to meet Valentine, planning to spend the afternoon studying in the library. She starts making revision sheets in advance, and reads a great book on the history of Italian art, which is absolutely fascinating.

The day goes well, as planned, and in the evening, when she comes home, she finds Céline deep in discussion with her parents. Sounds serious! Patrick invites Clara to sit with them on the sofa.

"Great news, Clara! Florence and I have decided to accept Céline's plan to move home. We've agreed to help you share an apartment, in an apartment of your own!" he tells her.

annonce-t-il.

Céline semble absolument ravie. Elle sourit sans arrêt. Quelle joie ! Clara aussi est très contente, mais elle s'inquiète déjà : qui va payer pour l'appartement ? Il faut qu'elle appelle sa famille, pour voir s'ils sont d'accord.

« Je vais trouver un petit boulot, peut-être que tu peux aussi trouver un petit travail ? Tu parles anglais et français, je pense que tu trouveras facilement, lui dit Céline.

- Tu as raison… Quelle grande nouvelle ! Mais alors, nous devons chercher un appartement ! Je ne sais pas comment faire ! s'interroge Clara.

- Je vais vous aider, bien sûr, dit Florence pour la rassurer. Et financièrement aussi, on peut vous aider. Je comprends que c'est un besoin d'indépendance et il est bon d'apprendre à vivre sans sa famille. Vous prenez Scruffles, bien sûr ! »

À chaque fois que Scruffles entend son nom, il arrive en courant. Il n'est pas seulement mignon, il est aussi intelligent, se dit Clara.

La première étape de ce grand projet est de déterminer les quartiers où les filles aimeraient habiter. Elles se mettent tout de suite dans cette conversation. Il faut trouver un quartier joli, sympa, et qui les

Céline seems absolutely delighted. She can't stop smiling. What joy! Clara is also very happy, but she's already worried: Who's going to pay for the apartment? She'll have to call her family to see if they agree.

"I'm going to find a little job, maybe you can find a little job too? You speak English and French, I think you'll find it easy, says Céline.

- You're right… What great news! But then we'll have to look for an apartment! I don't know how to do that! asks Clara.

- I'll help you, of course, says Florence to reassure her. And we can help you financially too. I understand your need for independence, and it's good to learn to live without your family. You take Scruffles, of course!"

Every time Scruffles hears his name, he comes running. He's not only cute, he's smart too, thinks Clara.

The first step in this great project is to determine which neighborhoods the girls would like to live in. They get right into the conversation. They need to find a nice neighborhood that's close to the university, ideally.

rapproche de l'université, idéalement. Pas forcément plus proche, mais avec un métro à proximité. Quelques magasins, bistrots, un marché… Un quartier vivant, quoi !	Not necessarily closer, but with a metro nearby. A few stores, bistros, a market… A lively neighborhood!
Céline fait la liste de ses quartiers préférés : la Guillotière, la Croix-Rousse, Saint-Jean, les pentes de la Croix-Rousse. Clara est évidemment d'accord avec tous ces quartiers : ils sont tous animés, dans le centre historique de la ville, très jolis. Puis, elles se connectent ensemble sur Internet et commencent à faire la liste des sites Internet qui proposent des listes d'appartement en location. Il y en a beaucoup ! Mais Florence explique qu'il faut commencer par des sites qui proposent des locations de particuliers à particuliers ; comme cela, on évite de payer des frais supplémentaires pour les agences.	Céline lists her favorite neighborhoods: la Guillotière, la Croix-Rousse, Saint-Jean, les pentes de la Croix-Rousse. Clara obviously agrees with all of them: they're all lively, in the city's historic center, and very pretty. Then, together, they log onto the Internet and start making a list of websites offering apartment rental listings. There are so many! But Florence explains that they should start with sites that offer private-to-private rentals; that way, they avoid paying extra for agencies.
Dans la soirée, Patrick fournit la liste des papiers nécessaires pour un dossier de demande de location. Cela semble bien compliqué à Clara ! Beaucoup de documents sont demandés : justificatifs d'impôts, contrats de travail… Bien sûr, les parents fournissent ces papiers, et ils sont les garants de l'appartement. C'est comme ça que ça se passe pour les étudiants. Patrick ajoute que les propriétaires préfèrent souvent les étudiants : car les garanties offertes par les parents sont plus sûres, plus stables. En France, les locataires sont très protégés par la loi et il est très	In the evening, Patrick provides a list of the papers required for a rental application. It all seems very complicated to Clara! A lot of documents are required: tax receipts, work contracts… Of course, the parents provide these papers, and they are the guarantors of the apartment. That's how it works for students. Patrick adds that landlords often prefer students: because the guarantees offered by parents are more secure, more stable. In France, tenants are very well protected by law, and it's very complicated to get rid of a bad payer. That's why so

compliqué de déloger un mauvais payeur. C'est la raison pour laquelle autant de documents attestant des conditions financières et de la stabilité du locataire sont demandés. Clara apprend beaucoup de choses, et aussi du vocabulaire : le loyer, les charges, les factures, les justificatifs, les impôts… C'est très intéressant.

Céline, aux anges, commence à faire une liste de critères pour l'appartement : lumineux, haut de plafond, avec un balcon. Deux chambres, une salle de bain et les toilettes séparées. Bonne condition générale mais pas de neuf : elle aime les vieux immeubles haussmanniens de Lyon. Calme, si possible sur cour. Pas de rez-de-chaussée, précise Florence. C'est un peu plus dangereux, on est plus facilement cambriolé. Il faut que le propriétaire accepte les animaux.

« Meublé, aussi ? demande Céline.

- Il y a une minorité d'appartement meublés en France, et ils sont souvent plus chers. Nous avons quelques meubles et pour le reste, vous irez à Ikea, ou à Emmaüs ! » explique Florence.

Les filles cherchent chacune sur leur ordinateur et commencent à faire une liste d'appartements disponibles. Elles notent les pages Internet, les numéros de téléphone, et prévoient de prendre une heure ou deux dans

many documents are required to prove the tenant's financial situation and stability. Clara learns a lot of things, including vocabulary: rent, charges, bills, receipts, taxes… It's all very interesting.

Céline, overjoyed, begins to list the apartment's criteria: bright, high ceilings, with a balcony. Two bedrooms, one bathroom and separate toilet. Good general condition, but not new: she likes Lyon's old Haussmann-style buildings. Quiet, if possible on courtyard. No first floor, says Florence. It's a bit more dangerous and easier to break into. The owner must accept pets.

"Furnished, too? asks Céline.

- There are a minority of furnished apartments in France, and they're often more expensive. We have some furniture and for the rest, you'll go to Ikea, or Emmaüs!" explains Florence.

The girls search each on their computers and start to make a list of available apartments. They note down the Internet pages, the telephone numbers, and plan to take an hour or two during the week to

la semaine pour donner des coups de téléphone aux propriétaires.	make phone calls to the owners.
La prochaine étape, c'est de visiter des appartements ! Les filles sont ravies à cette idée. C'est sur cette note joviale que se termine la journée, à table autour d'un bon dîner. Tellement de choses se sont encore passées cette semaine ! C'est à peine croyable. Avant d'aller dormir, Clara écrit un message à Julien pour tout lui raconter. Puis elle appelle sa mère, pour lui en parler aussi. Celle-ci est très surprise, mais elle comprend et accepte. Après tout, sa fille devient adulte, et la colocation, c'est une excellente façon de devenir indépendante !	The next step is to visit apartments! The girls are delighted at the idea. It's on this jovial note that the day comes to a close, at the dinner table. So much has happened again this week! It's hardly believable. Before going to bed, Clara writes a message to Julien, telling him everything. Then she calls her mother to tell her about it too. Her mother is very surprised, but understands and accepts. After all, her daughter is becoming an adult, and sharing a flat is a great way to become independent!

Questions (Chapitre 8)

1. Quand seront les examens finaux pour Clara ?
a) En mai
b) En juin
c) À la rentrée
d) En septembre

2. Que lit Clara à la bibliothèque ?
a) Un roman
b) Un journal
c) Des pages sur Internet
d) Un grand ouvrage sur l'histoire de l'art italien

3. Est-ce que Patrick et Florence ont accepté le projet de déménagement de Céline ?
a) Oui, ils ont accepté
b) Non, ils ne sont pas prêts pour le moment
c) Ils attendent les résultats des examens finaux
d) Ils ne sont pas encore sûrs et en discutent avec Céline

4. Où Céline et Clara recherchent-elles des appartements ?
a) Dans une agence
b) Elles posent des annonces en ville
c) Sur Internet
d) Elles demandent à leurs proches

5. Qui Clara contacte-t-elle avant d'aller dormir ? (Plusieurs réponses possibles)
a) Céline
b) Sa mère
c) Julien

Questions (Chapter 8)

1. When are Clara's final exams?
a) In May
b) June
c) At the beginning of the school year
d) In September

2. What is Clara reading in the library?
a) A novel
b) A newspaper
c) Pages on the Internet
d) A large book on Italian art history

3. Did Patrick and Florence agree to Céline's plan to move?
a) Yes, they have
b) No, they're not ready yet
c) They're waiting for final exam results
d) They're not sure yet and are discussing it with Céline

4. Where are Céline and Clara looking for apartments?
a) In an agency
b) She advertises in town
c) On the Internet
d) They ask friends and family

5. Who does Clara contact before going to bed? (Several answers possible)
a) Céline
b) Her mother
c) Julien

d) Mattéo   d) Mattéo

9. Un peu de shopping pour le printemps et l'été

Toute la semaine, les filles recherchent des appartements, chaque soir. C'est une **occupation** qui les intéresse et les amuse beaucoup : c'est très **grisant** de chercher, regarder les photos, les quartiers, les prix, et de se projeter dans un nouvel environnement de vie. De **nombreux** propriétaires spécifient qu'ils n'acceptent pas les **animaux de compagnie**… Il faut faire avec ! **Hors de question** de ne pas prendre Scruffles, bien sûr. Elles continuent à relever les numéros et à classer les offres. Vendredi, elles prendront le temps d'appeler pour organiser des visites le week-end.

Jeudi après-midi, Clara, Valentine et Céline n'ont pas cours. Bien sûr, elles devraient aller à la bibliothèque pour étudier. Mais Clara a une autre idée : ses parents lui ont donné de l'**argent** pour des nouveaux vêtements pour le **printemps** et l'été, et elle a très envie d'aller **faire les magasins**. Valentine n'a besoin de rien, mais elle adore **faire du lèche-vitrines**. Céline aime les nouveaux habits et elle espère trouver quelques **merveilles** à des prix raisonnables. Et, comme Clara ne connaît pas les boutiques de la ville, ses deux amies vont lui montrer.

Occupation (f) (nom commun) : activity

Grisant (adjectif) : exhilarating
Nombreux (adjectif) : many, several
Animal de compagnie (m) (nom commun) : pet
Hors de question (locution adjectivale) : out of the question
Argent (m) (nom commun) : money
Printemps (m) (nom commun) : spring
Faire les magasins (locution verbale) : to go shopping
Faire du lèche-vitrines (locution verbale) : to go window shopping
Merveille (f) (nom commun) : wonder

Le premier **objectif** est de trouver un **nouveau** jeans de couleur claire et quelques t-shirts et débardeurs. Si elle trouve, Clara aimerait aussi trouver une veste légère, des sandales, une ou deux robes ou **jupes** et un pull léger. Elle suggère d'aller dans un centre commercial, parce qu'elle a l'habitude de faire ça avec sa mère. Mais Valentine s'y oppose directement :

« Oh, non, c'est nul ! On a tous les magasins en centre-ville et c'est beaucoup plus sympa d'être dehors et d'aller de boutiques en boutiques. C'est la partie la plus chouette du shopping ! dit-elle.

- En plus, tu as vu ce beau **ciel** bleu ? Je suis d'accord avec Valentine, restons faire des **emplettes** dans le centre. On va te montrer, il y a toutes les boutiques, tous les **prix, surenchérit** Céline. »

Clara, bien sûr, est d'accord aussi. L'après-midi se passe très **joyeusement**, les filles allant d'un magasin à l'autre, essayant toutes sortes de vêtements, des moins **chers** aux plus chers – juste pour voir, pas pour **acheter**. Valentine, qui ne voulait rien acheter, a trouvé un joli **foulard** qui va bien avec tous ses habits. Céline, de son côté, a craqué pour un petit pull à **paillettes** un peu ample, féminin et confortable.

Objectif (m) (nom commun) : goal
Nouveau (adjectif) : new
Jupe (f) (nom commun) : skirt
Ciel (m) (nom commun) : sky
Emplette (f) (nom commun) : purchase
Prix (m) (nom commun) : price, cost
Surenchérir (verbe) : to add (in this context)
Joyeusement (adverbe) : joyfully
Cher (adjectif) : expensive

Acheter (verbe) : to buy
Foulard (m) (nom commun) : scarf
Paillette (f) (nom commun) : sequin

Clara n'a jamais autant pris de plaisir à faire les boutiques ! Dans le **charmant** centre-ville de Lyon, c'est tout simplement parfait. Les boutiques sont belles et elle trouve de nombreux vêtements qui lui vont bien. Elle fait une **taille** classique, ni trop grande, ni trop **mince**, et c'est facile de trouver sa taille. Un rien l'habille ! Elle se sent **presque** parisienne… Elle a trouvé une paire de jeans bleu délavé à taille haute, une paire de **nu-pieds** en cuir marron à fines lanières, un pull vert d'eau (qui va très bien avec ses yeux et la couleur de sa peau), et plusieurs jolis t-shirts, colorés et unis, pour aller avec tout. Elle a aussi acheté une veste courte en **cuire** noire très élégante. Enfin, elle **a chiné** une jolie robe blanche en lin, sans manches. C'est un peu tôt pour la portée, mais l'été va arriver ! Et la bonne nouvelle, c'est qu'elle a encore de l'argent pour une deuxième session de shopping quand elle en aura envie.

Quand elles ont bien marché, un peu fatiguées, elles décident d'aller boire une bière à la Migraine. Maintenant qu'elles sont majeures (en France, en tous cas), elles peuvent se le permettre ! Hector, le patron du bar, les accueille avec un grand **sourire** en regardant les **sacs** de vêtements neufs : « On a fait des folies, les filles ? » leur demande-t-il quand elles entrent dans le bistrot. Elles rient, un peu gênées. Visiblement, le patron les a reconnues, et il est drôlement sympa. Puis il les place en **terrasse**. Il fait un peu froid, mais il y a un **chauffage** à résistance qui leur réchauffe le **dos**. C'est le moment pour les filles de discuter d'appartement.

Charmant (adjectif) : lovely
Taille (f) (nom commun) : size
Mince (adjectif) : slim, thin
Presque (adverbe) : almost, nearly
Nu-pieds (m) (nom commun) : flip flops
Cuire (m) (nom commun) : leather
Chiner (verbe) : to bargain-hunt
Sourire (m) (nom commun) : smile
Sac (m) (nom commun) : bag
Terrasse (f) (nom commun) : terrace, outside seating area
Chauffage (m) (nom commun) : heating system
Dos (m) (nom commun) : back

« Alors, Clara m'a dit que vous alliez déménager ensemble dans un nouvel appartement ? demande Valentine, en prenant son verre. Il faut **trinquer**, c'est une bonne nouvelle !

- Oui ! Mes parents ont accepté ! Bon, il va falloir que je trouve un petit boulot, mais nos parents vont nous **aider**, explique Céline.

- Je vais **chercher** un travail aussi. Je pense que je peux faire des visites dans des musées, comme je parle anglais et français. Il faut que je me renseigne, ajoute Clara.

- Et alors, quel quartier ? **demande** encore Valentine.

- Ecoute, ça va dépendre des appartements qu'on trouve, répond Céline. Mais dans le centre-ville, c'est sûr. On hésite entre La Guillotière et la Croix-Rousse.

- Oh, la Croix-Rousse ! On sera voisines ! dit Valentine.

- Eh, on est déjà voisines, rétorque Clara en riant.

- Bon, ne vous éloignez pas trop. Allez, **santé** ! À votre futur chez vous ! Je vous aiderai pour le déménagement bien sûr. Et pour préparer la **pendaison de crémaillère** ! »

Les trois amies trinquent et **sirotent** leur bière. C'est un peu pompettes qu'elles prennent le chemin du retour vers leurs maisons, un peu fatiguées aussi. Demain, elles doivent toutes les trois se lever **tôt** pour aller à la fac. Et l'après-midi, après un peu de travail à la bibliothèque, Clara et Céline vont préparer des visites d'appartement. Encore une semaine bien chargée… Heureusement, Scruffles est là pour les accueillir avec sa bonne humeur **habituelle** !

Trinquer (verbe) : to clink glasses to, to toast
Aider (verbe) : to help
Chercher (verbe) : to look for
Demander (verbe) : to ask
Santé (interjection) : cheers
Pendaison de crémaillère (f) (nom commun) : housewarming party
Siroter (verbe) : to sip

Tôt (adverbe) : early
Habituel (adjectif) : regular

Questions (Chapitre 9)

1. Qu'est-ce que de nombreux propriétaires d'appartements refusent d'accepter ?
a) Les étudiants
b) Les animaux de compagnie
c) Les colocations
d) Les personnes sans emploi

2. Qu'est-ce que font Clara, Valentine et Céline le jeudi après-midi ?
a) Les magasins
b) Elles vont à la bibliothèque
c) Elles ont cours
d) Elles recherchent des appartements

3. Qu'est-ce qu'a acheté Valentine ?
a) Un petit pull à paillettes
b) Une ou deux jupes
c) Un jean
d) Un joli foulard

4. En quelle matière est la robe que Clara a acheté ?
a) En coton
b) En polyester
c) En lin
d) En laine

5. Quel travail Clara aimerait trouver ?
a) Un travail dans un musée
b) Un travail dans un restaurant
c) Un travail dans un bar
d) Un travail dans une boutique de vêtements

9. Un peu de shopping pour le printemps et l'été

Toute la semaine, les filles recherchent des appartements, chaque soir. C'est une occupation qui les intéresse et les amuse beaucoup : c'est très grisant de chercher, regarder les photos, les quartiers, les prix, et de se projeter dans un nouvel environnement de vie. De nombreux propriétaires spécifient qu'ils n'acceptent pas les animaux de compagnie… Il faut faire avec ! Hors de question de ne pas prendre Scruffles, bien sûr. Elles continuent à relever les numéros et à classer les offres. Vendredi, elles prendront le temps d'appeler pour organiser des visites le week-end.

Jeudi après-midi, Clara, Valentine et Céline n'ont pas cours. Bien sûr, elles devraient aller à la bibliothèque pour étudier. Mais Clara a une autre idée : ses parents lui ont donné de l'argent pour des nouveaux vêtements pour le printemps et l'été, et elle a très envie d'aller faire les magasins. Valentine n'a besoin de rien, mais elle adore faire du lèche-vitrines. Céline aime les nouveaux habits et elle espère trouver quelques merveilles à des prix raisonnables. Et, comme Clara ne connaît pas les boutiques de la ville, ses deux amies vont lui montrer.

Le premier objectif est de trouver un nouveau jeans de couleur claire et quelques t-shirts et débardeurs. Si elle trouve, Clara aimerait

9. A little shopping for spring and summer

All week long, the girls search for apartments, every evening. It's an occupation that interests and amuses them a lot: it's very exhilarating to search, look at photos, neighborhoods, prices, and project oneself into a new living environment. Many landlords specify that they don't accept pets… You just have to deal with it! Scruffles is out of the question, of course. They continue to take down numbers and rank offers. On Friday, they'll take the time to call and arrange weekend visits.

Thursday afternoon, Clara, Valentine and Céline have no class. Of course, they should go to the library to study. But Clara has another idea: her parents gave her money for new clothes for spring and summer, and she's really keen to go shopping. Valentine doesn't need anything, but she loves window-shopping. Céline loves new clothes and hopes to find a few wonders at reasonable prices. And since Clara doesn't know the stores in town, her two friends are going to show her around.

The first goal is to find a new pair of light-colored jeans and some T-shirts and tank tops. If she can find them, Clara would also like to find a light

aussi trouver une veste légère, des sandales, une ou deux robes ou jupes et un pull léger. Elle suggère d'aller dans un centre commercial, parce qu'elle a l'habitude de faire ça avec sa mère. Mais Valentine s'y oppose directement :

« Oh, non, c'est nul ! On a tous les magasins en centre-ville et c'est beaucoup plus sympa d'être dehors et d'aller de boutiques en boutiques. C'est la partie la plus chouette du shopping ! dit-elle.

- En plus, tu as vu ce beau ciel bleu ? Je suis d'accord avec Valentine, restons faire des emplettes dans le centre. On va te montrer, il y a toutes les boutiques, tous les prix, » surenchérit Céline.

Clara, bien sûr, est d'accord aussi. L'après-midi se passe très joyeusement, les filles allant d'un magasin à l'autre, essayant toutes sortes de vêtements, des moins chers aux plus chers – juste pour voir, pas pour acheter. Valentine, qui ne voulait rien acheter, a trouvé un joli foulard qui va bien avec tous ses habits. Céline, de son côté, a craqué pour un petit pull à paillettes un peu ample, féminin et confortable.

Clara n'a jamais autant pris de plaisir à faire les boutiques ! Dans le charmant centre-ville de Lyon, c'est tout simplement parfait. Les boutiques sont belles et elle trouve

jacket, sandals, one or two dresses or skirts and a light sweater. She suggests going to a shopping mall, because she's used to doing that with her mother. But Valentine objects directly:

"Oh, no, that sucks! We've got all the stores downtown, and it's much more fun to be outside and go from store to store. That's the best part of shopping! she says.

- Plus, did you see that beautiful blue sky? I agree with Valentine, let's stay and shop in the center. We'll show you all the stores at all the prices," adds Céline.

Clara, of course, agrees too. The afternoon passed very happily, with the girls going from store to shop, trying on all sorts of clothes, from the cheapest to the most expensive - just to see, not to buy. Valentine, who didn't want to buy anything, found a pretty scarf that goes well with all her clothes. Céline, for her part, fell for a little sequinned sweater, a little loose, feminine and comfortable.

Clara has never enjoyed shopping so much! In Lyon's charming city center, it's simply perfect. The stores are beautiful, and she finds plenty of clothes that fit her well. She's a classic

de nombreux vêtements qui lui vont bien. Elle fait une taille classique, ni trop grande, ni trop mince, et c'est facile de trouver sa taille. Un rien l'habille ! Elle se sent presque parisienne… Elle a trouvé une paire de jeans bleu délavé à taille haute, une paire de nu-pieds en cuir marron à fines lanières, un pull vert d'eau (qui va très bien avec ses yeux et la couleur de sa peau), et plusieurs jolis t-shirts, colorés et unis, pour aller avec tout. Elle a aussi acheté une veste courte en cuir noire très élégante. Enfin, elle a chiné une jolie robe blanche en lin, sans manches. C'est un peu tôt pour la portée, mais l'été va arriver ! Et la bonne nouvelle, c'est qu'elle a encore de l'argent pour une deuxième session de shopping quand elle en aura envie.

Quand elles ont bien marché, un peu fatiguées, elles décident d'aller boire une bière à la Migraine. Maintenant qu'elles sont majeures (en France, en tous cas), elles peuvent se le permettre ! Hector, le patron du bar, les accueille avec un grand sourire en regardant les sacs de vêtements neufs : « On a fait des folies, les filles ? » leur demande-t-il quand elles entrent dans le bistrot. Elles rient, un peu gênées. Visiblement, le patron les a reconnues, et il est drôlement sympa. Puis il les place en terrasse. Il fait un peu froid, mais il y a un chauffage à résistance qui leur réchauffe le dos. C'est le moment pour les filles de discuter d'appartement.

size, neither too tall nor too thin, and it's easy to find her size. Nothing dresses her up! She feels almost Parisian… She's found a pair of high-waisted, faded blue jeans, a pair of brown leather strappy nude shoes, a water-green sweater (which goes very well with her eyes and skin color), and several pretty t-shirts, colored and plain, to go with everything. She also bought a very elegant short black leather jacket. Last but not least, she found a pretty sleeveless white linen dress. It's a little early to wear it, but summer's on its way! And the good news is that she still has money for a second shopping session when she feels like it.

When they've had a good walk and are a little tired, they decide to go for a beer at La Migraine. Now that they're adults (in France, anyway), they can afford it! Hector, the bar's owner, greets them with a big smile as he looks at the bags of new clothes: "Did we splurge, girls?" he asks them as they enter the bistro. They laugh, a little embarrassed. Clearly, the owner has recognized them, and he's being awfully nice about it. Then he seats them on the terrace. It's a bit chilly, but there's a resistance heater to warm their backs. It's time for the girls to talk about apartments.

« Alors, Clara m'a dit que vous alliez déménager ensemble dans un nouvel appartement ? demande Valentine, en prenant son verre. Il faut trinquer, c'est une bonne nouvelle !	"So, Clara tells me you're moving into a new apartment together? asks Valentine, reaching for her glass. Let's toast to the good news!
- Oui ! Mes parents ont accepté ! Bon, il va falloir que je trouve un petit boulot, mais nos parents vont nous aider, explique Céline.	- Yes! My parents have agreed! Well, I'll have to find a job, but our parents will help us, explains Céline.
- Je vais chercher un travail aussi. Je pense que je peux faire des visites dans des musées, comme je parle anglais et français. Il faut que je me renseigne, ajoute Clara.	- I'm going to look for a job too. I think I can do museum visits, as I speak English and French. I'll have to find out, adds Clara.
- Et alors, quel quartier ? demande encore Valentine.	- So, which neighborhood? asks Valentine again.
- Ecoute, ça va dépendre des appartements qu'on trouve, répond Céline. Mais dans le centre-ville, c'est sûr. On hésite entre La Guillotière et la Croix-Rousse.	- Look, it depends on the apartments we find, replies Céline. But in the city center, for sure. We're hesitating between La Guillotière and Croix-Rousse.
- Oh, la Croix-Rousse ! On sera voisines ! dit Valentine.	- Oh, the Croix-Rousse! We'll be neighbors! says Valentine.
- Eh, on est déjà voisines, rétorque Clara en riant.	- Hey, we're already neighbors, retorts Clara, laughing.
- Bon, ne vous éloignez pas trop. Allez, santé ! À votre futur chez vous ! Je vous aiderai pour le déménagement bien sûr. Et pour préparer la pendaison de crémaillère ! »	- Well, don't go too far away. Cheers! To your future home! I'll help you move, of course. And help with the house-warming party!"
Les trois amies trinquent et sirotent	The three friends toast and sip their

leur bière. C'est un peu pompettes qu'elles prennent le chemin du retour vers leurs maisons, un peu fatiguées aussi. Demain, elles doivent toutes les trois se lever tôt pour aller à la fac. Et l'après-midi, après un peu de travail à la bibliothèque, Clara et Céline vont préparer des visites d'appartement. Encore une semaine bien chargée… Heureusement, Scruffles est là pour les accueillir avec sa bonne humeur habituelle !

beer. A little tipsy, they make their way back to their homes, a little tired too. Tomorrow, the three of them have to get up early to go to college. And in the afternoon, after a bit of work in the library, Clara and Céline will be preparing apartment visits. Another busy week… Luckily, Scruffles is there to welcome them with his usual good humor!

Questions (Chapitre 9)

1. Qu'est-ce que de nombreux propriétaires d'appartements n'acceptent pas ?
a) Les étudiants
b) Les animaux de compagnie
c) Les colocations
d) Les personnes sans emploi

2. Qu'est-ce que font Clara, Valentine et Céline le jeudi après-midi ?
a) Les magasins
b) Elles vont à la bibliothèque
c) Elles ont cours
d) Elles recherchent des appartements

3. Qu'est-ce qu'a acheté Valentine ?
a) Un petit pull à paillettes
b) Une ou deux jupes
c) Un jean
d) Un joli foulard

4. En quelle matière est la robe que Clara a acheté ?
a) En coton
b) En polyester
c) En lin
d) En laine

5. Quel travail Clara aimerait trouver ?
a) Un travail dans un musée
b) Un travail dans un restaurant
c) Un travail dans un bar
d) Un travail dans une boutique de vêtements

Questions (Chapter 9)

1. What do many apartment owners refuse to accept?
a) Students
b) Pets
c) Roommates
d) Unemployed people

2. What do Clara, Valentine and Céline do on Thursday afternoon?
a) They go shopping
b) They go to the library
c) They have classes
d) They search for apartments

3. What did Valentine buy?
a) A little sequined sweater
b) One or two skirts
c) A pair of jeans
d) A pretty scarf

4. What material is the dress Clara bought?
a) Cotton
b) Polyester
c) Linen
d) Wool

5. What job would Clara like to find?
a) A job in a museum
b) A job in a restaurant
c) A job in a bar
d) A job in a clothing store

10. La recherche d'appartement

Vendredi en fin d'après-midi, en rentrant de la fac, Céline et Clara se retrouvent dans l'appartement familial pour faire ce qu'elles avaient prévu : passer des coups de fil pour des visites d'appartement. L'objectif est d'en visiter un maximum entre **samedi** et **dimanche**. Très organisées, elles relisent ensemble la liste des appartements qu'elles ont sélectionnés, et les classent par quartiers. Ainsi, ce sera plus simple d'organiser des visites.

Céline propose à Clara d'appeler la première, mais Clara ne se sent pas toujours à l'aise au téléphone en français, et demande à son amie de le faire pour elle, au moins les premiers, pour qu'elle puisse écouter. Céline prend donc le téléphone, le met en mode **haut-parleur** et appelle le premier numéro.

« **Allô**, bonjour madame, j'appelle au sujet de l'annonce pour l'appartement situé rue des Capucins. Est-ce que vous avez cinq minutes ? annonce Céline.

- Bonjour madame, oui, j'ai cinq minutes… Mais je suis désolée, l'appartement a été loué hier ! répond la dame au bout du fil.

- Ah, zut… Bon, très bien, merci quand même ! Bonne fin de journée et bon week-end, dit alors Céline sur un ton désolé.

- Vous de même ! Bonnes recherches ! »

Et Céline **raccroche**. Mince ! Florence, qui a entendu la conversation **depuis** la cuisine, rassure les filles : c'est normal, les appartements partent vite à Lyon. Mais il ne faut pas s'inquiéter, ce n'est pas la **crise** du logement. Elles vont trouver rapidement, elle en est certaine.

Clara **barre** l'appartement dans la liste, et dicte à Céline le second numéro de téléphone. Il s'agit d'un joli appartement trois pièces, dans les pentes de la Croix-Rousse. Il a l'air **lumineux** et bien agencé.

« Bonjour monsieur, j'appelle pour l'appartement que vous louez rue Burdeau. Est-il toujours disponible ? demande Céline.

- Bonjour madame, oui, il est **disponible**, répond l'homme au bout du fil. Avez-vous des questions ?

- Oui, je voudrais savoir, est-ce que vous acceptez les animaux ? Ce n'est pas spécifié dans l'annonce. Nous avons un petit chien.

- S'il est petit, c'est bon ! Je n'accepte pas les chats, parce qu'ils font leurs griffes. Un petit chien, c'est bon ! répond le monsieur.

- Ah, et est-ce que nous pouvons visiter l'appartement ? interroge Céline.

- Vous pouvez, oui. Mais je peux vous **poser** quelques **questions** ? Est-ce que vous êtes en couple ? Vous travaillez ?

- Nous sommes deux étudiantes, c'est pour une colocation. Ce sont nos parents qui vont payer le loyer, dit Céline.

- Ah, c'est très bien. Il y a deux chambres, une salle de bain séparée des toilettes. C'est parfait pour une colocation. Quand voudriez-vous faire la visite ? demande l'homme.

- Demain, c'est possible ?

- Absolument, demain je serai disponible entre quatorze heures et seize heures. Qu'est-ce qui vous arrange ? propose-t-il.

- Quatorze heures, c'est bien ! répond Céline, **enjouée**. »

> **Vendredi** (m) (nom commun) : Friday
> **Samedi** (m) (nom commun) : Saturday
> **Dimanche** (m) (nom commun) : Sunday
> **Haut-parleur** (m) (nom commun) : loudspeaker
> **Allô** (interjection) : hello
> **Raccrocher** (verbe) : to hang up
> **Depuis** (préposition) : from (in this context)
> **Crise** (f) (nom commun) : crisis
> **Barrer** (verbe) : to cross something out
> **Lumineux** (adjectif) : bright
> **Disponible** (adjectif) : available, free
> **Poser des questions** (locution verbale) : to ask questions
> **Enjoué** (adjectif) : cheerful, happy

L'homme demande alors ses **coordonnées**, son nom de famille, et donne l'adresse précise de l'appartement. Les deux amies sont ravies. Première visite organisée. Clara prend la relève du téléphone, et les filles **alternent** ainsi les coups de téléphone jusqu'à avoir rempli la journée. Un certain nombre d'appartements sont déjà loués, mais dans l'ensemble, les appartements qu'elles avaient le plus envie de voir sont toujours disponibles. Bientôt, la journée du samedi et l'après-midi du dimanche sont plein de rendez-vous aux quatre coins de la ville.

Le soir, à table, elles racontent leurs aventures téléphoniques à la famille. Mattéo est un peu **bougon** : il **se dispute** souvent avec sa sœur, mais en réalité, il est triste qu'elle parte. Les parents sont un peu tristes aussi, mais ils sont tout de même très contents de voir la **mine** réjouie de leur fille. Florence a libéré son samedi pour les accompagner, et Patrick **prend la relève** pour les visites du dimanche.

Le lendemain matin, on commence les visites ! Mattéo reste avec Scruffles **tandis que** les filles se préparent. Elles s'habillent bien, pour bien se présenter. Clara est ravie de ses nouveaux vêtements ! Les visites se passent bien, même si tout n'est pas comme sur les photos. Les filles et Florence visitent en tout cinq appartements, et elles ont donné leur dossier pour deux d'entre eux.

En effet, les trois autres ne **convenaient** pas : manque d'isolation, **bruyant**, mauvaise condition, petites **chambres**…

Coordonnée (f) (nom commun) : contact details
Alterner (verbe) : to alternate
Bougon (adjectif) : grumpy
Se disputer (verbe) : to argue
Mine (f) (nom commun) : appearance, look
Prendre la relève (locution verbale) : to take over
Tandis que (locution conjonction) : while
En effet (locution adverbiale) : indeed
Convenir (verbe) : to suit, to be suitable
Bruyant (adjectif) : noisy
Chambre (f) (nom commun) : bedroom

Mais les deux appartements sélectionnés ce jour-là leur plaisent vraiment. Surtout celui qui est situé rue Duviard, **derrière** la mairie du quatrième arrondissement de la Croix-Rousse. La rue est calme, proche de tous commerces, et l'appartement est plein de charme : quatre mètres cinquante de **plafond** ! C'est un ancien appartement Canut, explique le propriétaire. Les Canuts étaient les soyeux, les travailleurs de la **soie** à l'époque où Lyon était l'une des capitales de la soierie. L'appartement dispose de très grandes **fenêtres** donnant sur cour, de deux chambres de taille modeste mais agréables et calmes, d'une jolie cuisine, d'un salon. Mais surtout, il y a une mezzanine de cinquante mètres carrés qui n'est pas comptée dans la surface totale. L'appartement est donc plus grand, pour un prix **égal**, et c'est vraiment joli.

L'appartement leur **plaît** tellement qu'elles sont presque démotivées pour les visites du **lendemain** ! Mais les rendez-vous sont pris et elles s'y rendent, accompagnées de Patrick. Elles ont, ce dimanche, trois visites. L'un des appartements, grande rue de la Guillotière, retient **également** leur attention. Moins charmant, il a tout de même un très bel espace et il a été refait à neuf. En plus, il a un balcon. Elles ont également décidé de **déposer** leur dossier.

Et voilà ! Maintenant, il ne leur reste qu'à attendre les réponses des propriétaires. Elles savent qu'elles ne sont pas seules sur les listes, et elles sont maintenant **inquiètes**. Elles espèrent **de tout cœur** obtenir l'appartement de la rue Duviard…

Derrière (préposition) : behind
Plafond (m) (nom commun) : ceiling
Soie (f) (nom commun) : silk
Fenêtre (f) (nom commun) : window
Égal (adjectif) : equal
Plaire (verbe) : to like, to please
Lendemain (m) (nom commun) : the day after
Également (adverbe) : also
Déposer (verbe) : to drop off
Inquiet (adjectif) : worried
De tout cœur (locution adverbiale) : wholeheartedly, with all your heart

Questions (Chapitre 10)

1. Comment Céline et Clara classent-elles les appartements qu'elles ont sélectionné ?
a) Par prix
b) Par quartiers
c) Par tailles
d) Par nombre de chambres

2. Combien de pièces contient le deuxième appartement que les filles tentent de louer ?
a) Une
b) Deux
c) Trois
d) Quatre

3. Quand les filles pourront-elles visiter cet appartement ?
a) Le lendemain à quatorze heures
b) Le lendemain à seize heures
c) Aujourd'hui
d) La semaine prochaine

4. Combien d'appartements les filles visitent-elles en tout samedi ?
a) Deux
b) Trois
c) Quatre
d) Cinq

5. Quel appartement les filles espèrent à tout prix obtenir ?
a) Celui de la rue Duviard
b) Celui de la rue Burdeau
c) Elles ne sont pas d'accord sur le choix
d) Elles n'ont pas encore de préférence

10. La recherche d'appartement

10. The apartment search

Vendredi en fin d'après-midi, en rentrant de la fac, Céline et Clara se retrouvent dans l'appartement familial pour faire ce qu'elles avaient prévu : passer des coups de fil pour des visites d'appartement. L'objectif est d'en visiter un maximum entre samedi et dimanche. Très organisées, elles relisent ensemble la liste des appartements qu'elles ont sélectionnés, et les classent par quartiers. Ainsi, ce sera plus simple d'organiser des visites.

Late Friday afternoon, on their way home from college, Céline and Clara gathered in the family apartment to do what they'd planned to do: make phone calls to visit apartments. The aim is to visit as many as possible between Saturday and Sunday. Highly organized, they reread together the list of apartments they have selected, and classify them by neighborhood. This will make it easier to organize visits.

Céline propose à Clara d'appeler la première, mais Clara ne se sent pas toujours à l'aise au téléphone en français, et demande à son amie de le faire pour elle, au moins les premiers, pour qu'elle puisse écouter. Céline prend donc le téléphone, le met en mode haut-parleur et appelle le premier numéro.

Céline suggests Clara calls first, but Clara doesn't always feel comfortable on the phone in French, and asks her friend to do it for her, at least the first few times, so she can listen in. So Céline picks up the phone, puts it on speaker mode and calls the first number.

« Allô, bonjour madame, j'appelle au sujet de l'annonce pour l'appartement situé rue des Capucins. Est-ce que vous avez cinq minutes ? annonce Céline.

"Hello, madam, I'm calling about the advertisement for the apartment on rue des Capucins. Do you have five minutes? announces Céline.

- Bonjour madame, oui, j'ai cinq minutes... Mais je suis désolée, l'appartement a été loué hier ! répond la dame au bout du fil.

- Hello madam, yes, I have five minutes... But I'm sorry, the apartment was rented yesterday! answers the lady on the other end of the line.

- Ah, zut... Bon, très bien, merci

- Ah, gee... Well, all right, thanks

quand même ! Bonne fin de journée et bon week-end, dit alors Céline sur un ton désolé.

- Vous de même ! Bonnes recherches ! »

Et Céline raccroche. Mince ! Florence, qui a entendu la conversation depuis la cuisine, rassure les filles : c'est normal, les appartements partent vite à Lyon. Mais il ne faut pas s'inquiéter, ce n'est pas la crise du logement. Elles vont trouver rapidement, elle en est certaine.

Clara barre l'appartement dans la liste, et dicte à Céline le second numéro de téléphone. Il s'agit d'un joli appartement trois pièces, dans les pentes de la Croix-Rousse. Il a l'air lumineux et bien agencé.

« Bonjour monsieur, j'appelle pour l'appartement que vous louez rue Burdeau. Est-il toujours disponible ? demande Céline.

- Bonjour madame, oui, il est disponible, répond l'homme au bout du fil. Avez-vous des questions ?

- Oui, je voudrais savoir, est-ce que vous acceptez les animaux ? Ce n'est pas spécifié dans l'annonce. Nous avons un petit chien.

- S'il est petit, c'est bon ! Je n'accepte pas les chats, parce qu'ils font leurs griffes. Un petit chien, c'est bon !

anyway! Have a nice day and a nice weekend, says Céline in an apologetic tone.

- Same to you! Happy research!"

And Céline hangs up. Damn! Florence, who had overheard the conversation from the kitchen, reassured the girls: It's normal, apartments go quickly in Lyon. But don't worry, it's not the housing crisis. They'll find something quickly, she's sure of it.

Clara crosses out the apartment on the list, and dictates to Céline the second telephone number. It's a lovely three-room apartment on the slopes of the Croix-Rousse. It looks bright and well laid out.

"Hello sir, I'm calling about the apartment you rent on rue Burdeau. Is it still available? asks Céline.

- Hello madame, yes, it's available, replies the man on the other end of the line. Do you have any questions?

- Yes, I'd like to know, do you accept pets? It's not specified in the ad. We have a small dog.

- If it's small, it's fine! I don't accept cats, because they claw. A small dog is fine! replies the gentleman.

répond le monsieur.

- Ah, et est-ce que nous pouvons visiter l'appartement ? interroge Céline.

- Vous pouvez, oui. Mais je peux vous poser quelques questions ? Est-ce que vous êtes en couple ? Vous travaillez ?

- Nous sommes deux étudiantes, c'est pour une colocation. Ce sont nos parents qui vont payer le loyer, dit Céline.

- Ah, c'est très bien. Il y a deux chambres, une salle de bain séparée des toilettes. C'est parfait pour une colocation. Quand voudriez-vous faire la visite ? demande l'homme.

- Demain, c'est possible ?

- Absolument, demain je serai disponible entre quatorze heures et seize heures. Qu'est-ce qui vous arrange ? propose-t-il.

- Quatorze heures, c'est bien ! » répond Céline, enjouée.

L'homme demande alors ses coordonnées, son nom de famille, et donne l'adresse précise de l'appartement. Les deux amies sont ravies. Première visite organisée. Clara prend la relève du téléphone, et les filles alternent ainsi les coups de téléphone jusqu'à avoir rempli

- Ah, and can we visit the apartment? asks Céline.

- Yes, you can. But can I ask you a few questions? Are you a couple? Do you work?

- We're two students, so it's a shared flat. Our parents will pay the rent, says Céline.

- Ah, it's very nice. There are two bedrooms, a bathroom separate from the toilet. It's perfect for a flat-share. When would you like to visit? asks the man.

- Is tomorrow possible?

- Absolutely, tomorrow I'll be available between 2pm and 4pm. What's convenient for you? he suggests.

- Two o'clock is fine!" replies Céline, cheerfully.

The man then asks for his contact details, his surname, and gives the precise address of the apartment. The two friends are delighted. The first visit is arranged. Clara took over the phone, and the girls alternated phone calls until they had filled the day. A number of apartments have already

la journée. Un certain nombre d'appartements sont déjà loués, mais dans l'ensemble, les appartements qu'elles avaient le plus envie de voir sont toujours disponibles. Bientôt, la journée du samedi et l'après-midi du dimanche sont plein de rendez-vous aux quatre coins de la ville.

Le soir, à table, elles racontent leurs aventures téléphoniques à la famille. Mattéo est un peu bougon : il se dispute souvent avec sa sœur, mais en réalité, il est triste qu'elle parte. Les parents sont un peu tristes aussi, mais ils sont tout de même très contents de voir la mine réjouie de leur fille. Florence a libéré son samedi pour les accompagner, et Patrick prend la relève pour les visites du dimanche.

Le lendemain matin, on commence les visites ! Mattéo reste avec Scruffles tandis que les filles se préparent. Elles s'habillent bien, pour bien se présenter. Clara est ravie de ses nouveaux vêtements ! Les visites se passent bien, même si tout n'est pas comme sur les photos. Les filles et Florence visitent en tout cinq appartements, et elles ont donné leur dossier pour deux d'entre eux. En effet, les trois autres ne convenaient pas : manque d'isolation, bruyant, mauvaise condition, petites chambres…

Mais les deux appartements sélectionnés ce jour-là leur plaisent vraiment. Surtout celui qui est situé

been rented, but on the whole, the ones they had most wanted to see are still available. Soon, Saturday and Sunday afternoon are full of appointments all over the city.

In the evening, at the dinner table, they recount their telephone adventures to the family. Mattéo is a bit grumpy: he often argues with his sister, but in reality, he's sad she's leaving. The parents are a little sad too, but they're delighted to see their daughter's happy face. Florence has given up her Saturday to accompany them, and Patrick takes over for the Sunday visits.

The next morning, the tours begin! Mattéo stays with Scruffles while the girls get ready. They dress well, to present themselves well. Clara is delighted with her new clothes! The visits go well, even if not everything is as it seems in the photos. The girls and Florence visit a total of five apartments, and they've given their files for two of them. Indeed, the other three were not suitable: lack of insulation, noisy, poor condition, small bedrooms…

But the two apartments selected that day really appealed to them. Especially the one on rue Duviard,

rue Duviard, derrière la mairie du quatrième arrondissement de la Croix-Rousse. La rue est calme, proche de tous commerces, et l'appartement est plein de charme : quatre mètres cinquante de plafond ! C'est un ancien appartement Canut, explique le propriétaire. Les Canuts étaient les soyeux, les travailleurs de la soie à l'époque où Lyon était l'une des capitales de la soierie. L'appartement dispose de très grandes fenêtres donnant sur cour, de deux chambres de taille modeste mais agréables et calmes, d'une jolie cuisine, d'un salon. Mais surtout, il y a une mezzanine de cinquante mètres carrés qui n'est pas comptée dans la surface totale. L'appartement est donc plus grand, pour un prix égal, et c'est vraiment joli.

L'appartement leur plaît tellement qu'elles sont presque démotivées pour les visites du lendemain ! Mais les rendez-vous sont pris et elles s'y rendent, accompagnées de Patrick. Elles ont, ce dimanche, trois visites. L'un des appartements, grande rue de la Guillotière, retient également leur attention. Moins charmant, il a tout de même un très bel espace et il a été refait à neuf. En plus, il a un balcon. Elles ont également décidé de déposer leur dossier.

Et voilà ! Maintenant, il ne leur reste qu'à attendre les réponses des propriétaires. Elles savent qu'elles ne sont pas seules sur les listes, et

behind the town hall in the fourth arrondissement of Croix-Rousse. It's a quiet street, close to all the shops, and the apartment is full of charm: four-and-a-half-meter ceilings! It's an old Canut apartment, explains the owner. The Canuts were silk workers when Lyon was one of the silk capitals. The apartment has very large windows overlooking the courtyard, two small but pleasant and quiet bedrooms, a pretty kitchen and a living room. But above all, there's a fifty-square-meter mezzanine (an intermediate floor in a building which is open to the floor below) that's not included in the total surface area. So the apartment is bigger, for the same price, and it's really pretty.

They liked the apartment so much that they were almost demotivated for the next day's viewings! But the appointments are made and they go, accompanied by Patrick. This Sunday, they have three visits. One of the apartments, on rue de la Guillotière, also caught their attention. Less charming, it still has a very nice space and has been refurbished. What's more, it has a balcony. They also decided to submit their application.

And that's it! Now all they have to do is wait to hear back from the owners. They know they're not the only ones on the list, and they're worried. They

elles sont maintenant inquiètes. Elles espèrent de tout cœur obtenir l'appartement de la rue Duviard…	hope with all their hearts to get the apartment on rue Duviard…

Questions (Chapitre 10)

1. Comment Céline et Clara classent-elles les appartements qu'elles ont sélectionné ?
a) Par prix
b) Par quartiers
c) Par tailles
d) Par nombre de chambres

2. Combien de pièces contient le deuxième appartement que les filles tentent de louer ?
a) Une
b) Deux
c) Trois
d) Quatre

3. Quand les filles pourront-elles visiter cet appartement ?
a) Le lendemain à quatorze heures
b) Le lendemain à seize heures
c) Aujourd'hui
d) La semaine prochain

4. Combien d'appartements les filles visitent-elles en tout samedi ?
a) Deux
b) Trois
c) Quatre
d) Cinq

5. Quel appartement les filles espèrent à tout prix obtenir ?
a) Celui de la rue Duviard
b) Celui de la rue Burdeau
c) Elles ne sont pas d'accord sur le choix
d) Elles n'ont pas encore de préférence

Questions (Chapter 10)

1. How do Céline and Clara rank the apartments they've selected?
a) By price
b) By neighborhood
c) By size
d) By number of bedrooms

2. How many rooms does the second apartment the girls are trying to rent contain?
a) One
b) Two
c) Three
d) Four

3. When can the girls visit the apartment?
a) The next day at 2 p.m.
b) The next day at 4 p.m.
c) Today
d) Next week

4. How many apartments do the girls visit in total on Saturday?
a) Two
b) Three
c) Four
d) Five

5. Which apartment are the girls hoping to get?
a) The one in rue Duviard
b) Rue Burdeau
c) They don't agree on the choice
d) They don't yet have a preference

Bonus 1
Recette de Bugnes Lyonnaises

Ingrédients

- 500 gr de farine
- 4 gros œufs
- 80 gr de beurre non salé, fondu
- 80 gr de sucre
- 1/2 cuillère à café de sel
- Zeste d'un citron
- 1/2 tasse de lait entier
- Huile végétale (pour la friture)
- Sucre glace (pour saupoudrer)

Élaboration

1. Mélanger la farine, le sucre et le sel.
2. Fouetter les œufs, le beurre fondu, le zeste de citron et le lait.
3. Incorporer les ingrédients liquides aux ingrédients secs pour former une pâte.
4. Pétrir la pâte sur une surface farinée jusqu'à l'obtention d'une consistance lisse.
5. Envelopper la pâte et la réfrigérer pendant au moins 1 heure.
6. Étaler la pâte réfrigérée.
7. Couper en bandes ou en formes désirées.
8. Chauffer l'huile à 350°F (180°C).
9. Frire les bugnes jusqu'à ce qu'elles soient dorées, environ 2 à 3 minutes de chaque côté.
10. Égoutter sur du papier absorbant.
11. Saupoudrer les bugnes chaudes de sucre glace.
12. Servir et déguster avec votre café ou thé préféré.

Conseil : Soyez créatif avec les formes, comme des torsades, des nœuds ou des losanges, pour une touche personnelle. L'expérience optimale est de déguster les bugnes fraîches !

BONUS 1
BUGNES LYONNAISES RECIPE

Ingredients

- 500 g all-purpose flour
- 4 large eggs
- 80 g unsalted butter, melted
- 80 g granulated sugar
- 1/2 tsp salt
- Zest of 1 lemon
- 1/2 cup whole milk
- Vegetable oil (for frying)
- Powdered sugar (for dusting)

Preparation

1. Combine flour, sugar, and salt.
2. Whisk together eggs, melted butter, lemon zest, and milk.
3. Mix wet ingredients into dry to form a dough.
4. Knead the dough on a floured surface until smooth.
5. Wrap the dough and refrigerate for at least 1 hour.
6. Roll out the rested dough.
7. Cut into strips or preferred shapes.
8. Heat oil to 350°F (180°C).
9. Fry bugnes until golden brown, about 2-3 minutes per side.
10. Drain on paper towels.
11. Dust warm bugnes with powdered sugar.
12. Serve and enjoy with your favorite coffee or tea.

Tip: Get creative with shapes, such as twists, knots, or diamonds, for a personalized touch. The best experience comes with enjoying bugnes fresh out of the kitchen!

Bonus 2
Clara's Book 4 in the series
Chapter 1: Déjeuner manqué avec Julien

Avec tous ces évènements, Clara **oublie** un peu Julien, parfois. Il lui arrive de ne pas répondre avant quelques heures, et quand elle se réveille, elle ne regarde plus **systématiquement** son téléphone pour voir s'il lui a écrit. Le déménagement prochain, la recherche d'appartement, son chien, les cours… Elle n'est plus très investie dans leur relation. Elle ne s'en inquiète pas car elle pense que c'est **temporaire**. Elle a l'**esprit ailleurs**, c'est tout !

Julien, pour sa part, s'en inquiète un peu plus. Il écrit toujours chaque jour et il essaye de **planifier** des rendez-vous, mais Clara a toujours quelque chose de plus important à faire ! Il craint un peu qu'elle ne l'aime plus. Pour **attirer** son **attention**, il essaye d'abord de lui écrire un peu moins. Mais cela n'a pas l'air de changer son attitude. Clara ne s'aperçoit pas de la **baisse** de fréquence des messages. Elle est tout simplement très occupée !

Les filles n'ont pas encore de réponse pour **tous** les appartements visités, et elles continuent à trouver de nouvelles annonces intéressantes. En plus de tous ces évènements et activités, Céline et Clara ont décidé de se mettre au sport. Un peu d'exercice ne leur ferait pas de mal. En effet, elles sont la plupart

du temps **assises**, soit pour étudier, soit pour discuter, ou pour chercher des appartements. Elles se sont mises d'accord sur le tennis, et elles ont déjà **réservé** leur premier cours en petit groupe les samedi matin. Premier cours le week-end prochain !

> **Oublier** (verbe) : to forget
> **Systématiquement** (adverbe) : systematically
> **Temporaire** (adjectif) : temporary, provisional
> **Esprit** (m) (nom commun) : mind
> **Ailleurs** (adverbe) : elsewhere, somewhere else
> **Planifier** (verbe) : to schedule
> **Attirer l'attention** (locution verbale) : to draw attention
> **Baisse** (f) (nom commun) : drop, fall, decrease
> **Tout** (adjectif) : all
> **Assis** (adjectif) : seated, sitting
> **Réserver** (verbe) : to book

Cet après-midi, elles décident d'aller acheter **quelques** vêtements de sport, des baskets et des **raquettes** de tennis. Elles vont au **magasin** de sport et passent une bonne heure à choisir et à faire des **essayages**. Quand elles ont trouvé tout ce dont elles ont besoin, elles se dirigent vers la maison et s'arrêtent dans un café sur le chemin pour profiter du soleil **frais** d'avril.

Elles **commandent** un café et un chocolat **chaud**, puis s'installent en terrasse, **emmitouflées** dans leurs manteaux : il fait beau, mais froid. Clara regarde son téléphone… Et là, c'est l'horreur : cinq appels manqués de Julien, et trois messages. Ça lui revient d'un seul coup ! Elle avait rendez-vous avec Julien pour déjeuner ! Comment a-t-elle pu oublier une chose pareille !

« Tout va bien Clara ? demande Céline, en la voyant **blêmir** soudainement.

- Non, non non ! Ça ne va pas du tout ! Mon Dieu, quelle **crétine** ! s'exclame Clara.

- Comment ça, qu'est-ce qu'il se passe ? s'inquiète Céline.

- Tu ne vas pas le croire. Je suis **nulle** !

- Allez, arrête, ça n'est sûrement pas si **grave** que ça… essaye de tempérer Céline. Qu'est-ce que tu as fait, dis-moi !

- J'avais un rendez-vous avec Julien, répond Clara. Voilà, ce midi, j'avais rendez-vous, pour déjeuner. Et ça m'est complètement sorti de la tête !

- Ah, zut, et il t'a appelée, c'est ça ?

- Évidemment : il m'a appelée cinq fois, laissé des messages ! Oh là là... Il ne va jamais me le **pardonner** ! En plus si je lui explique que j'ai manqué notre rendez-vous pour aller faire du shopping avec toi... »

    Quelque (adjectif) : some
    Raquette (f) (nom commun) : racket
    Magasin (m) (nom commun) : shop
    Essayage (m) (nom commun) : trying on (clothes)
    Frais (adjectif) : cool, chilly
    Commander (verbe) : to order
    Chaud (adjectif) : hot, warm
    Emmitouflé (adjectif) : wrapped up
    Blêmir (verbe) : to turn pale
    Crétin (adjectif) : stupid, silly
    Nul (adjectif) : bad, lame
    Grave (adjectif) : serious
    Pardonner (verbe) : to forgive

En effet, Céline comprend bien le problème. Et en effet, il est **délicat** d'expliquer la situation. Mais, conseille Céline, il ne faut pas le faire attendre plus longtemps. Les messages de Julien sont très **clairs** : le premier est pour dire qu'il est arrivé, le deuxième pour lui demander si elle a oublié, le troisième pour lui dire qu'il s'inquiète : « J'**espère** que ça va ? Il y a un problème avec Scruffles ? Tu as perdu ton téléphone ? Si tu as oublié, au moins, **fais-moi signe**, parce que je suis un peu inquiet... ». C'était il y a deux heures et demie. **Catastrophe** !

Céline suggère à Clara de le rappeler immédiatement. Mais elle n'**ose** pas, elle a trop **peur** de la réaction, et elle ne sait pas quoi dire pour expliquer. Céline, toujours de bon conseil, lui dit de ne pas **mentir**. Il vaut mieux dire la vérité que s'emmêler dans un mensonge, et la vérité finit toujours par éclater. « Appelle-le et dis-lui, que tu es très chargée, que je t'ai proposé ça en dernière minute, que tu croyais qu'on était un autre jour, que tu es un peu **perdue** avec ces histoires de fac, de déménagement, de chien... Je suis sûre qu'il va **comprendre**. Il va être fâché mais il va comprendre et se calmer. »

En effet (locution adverbiale) : indeed, in fact
Délicat (adjectif) : delicate
Clair (adjectif) : clear, obvious
Espérer (verbe) : to hope
Fais-moi signe (expression) : let me know
Catastrophe (f) (nom commun) : disaster
Oser (verbe) : to dare
Peur (f) (nom commun) : fear
Mentir (verbe) : to lie
Perdu (adjectif) : lost
Comprendre (verbe) : to understand

C'est un bon conseil en effet et Clara **prend son courage à deux mains** pour appeler Julien. Celui-ci est **furieux** et Céline peut l'entendre parler très fort au téléphone. Clara se lève et **s'éloigne** pour un peu d'intimité et pour ne pas gêner les voisins en terrasse. Elle se sent vraiment nulle. Elle parle **doucement**, sur un ton très triste, elle essaye d'expliquer et elle s'excuse mille fois. « Pardon, Julien, vraiment, je te demande pardon. Je suis très chargée, j'ai l'esprit **ailleurs**. Je ne t'oublie pas, j'ai oublié le jour, c'est différent ! Ne m'en veux pas. Je suis sûre que ça pourrait arriver à n'importe qui, ça ne veut rien dire pour nous, ça n'a rien à voir avec toi. Bien sûr que je t'aime ! Pourquoi penses-tu que je te rappelle, je t'ai appelé dès que j'ai vu tes messages... »

Après une dizaine de minutes de conversation, Clara **raccroche**, l'air triste et fatigué. Elle rejoint son amie sur la terrasse. Le chocolat chaud est presque froid. Elle explique la situation à Céline. Voilà, Julien **fait la tête**. Il est très fâché, il l'a attendue au restaurant pendant quarante cinq minutes et il a mangé seul. Il pense qu'elle ne fait pas attention à lui, qu'elle l'oublie. C'est peut-être un peu **vrai** ? Mais, on a le droit d'être très occupé, non ? Il faut qu'elle se fasse pardonner. Elle va réfléchir à un **cadeau**, ou à une surprise, pour qu'il ne soit plus fâché.

Les filles rentrent à la maison en discutant. Clara est très inquiète, mais Céline en est sûre : c'est normal qu'il soit fâché, et il va se calmer.

Prendre son courage à deux mains (locution verbale) : to muster the courage
Furieux (adjectif) : furious
S'éloigner (verbe pronominal) : to get away, to walk away
Doucement (adverbe) : quietly

Triste (adjectif) : sad
Ailleurs (adverbe) : elsewhere, somewhere else
Raccrocher (verbe) : to hang up
Faire la tête (locution verbale) : to sulk
Vrai (adjectif) : true
Cadeau (m) (nom commun) : present, gift

Questions (Bonus 2)

1. Pourquoi Clara écrit de moins en moins à Julien ?
a) Parce qu'elle a rencontré un autre garçon
b) Parce qu'elle ne veut plus s'investir dans cette relation
c) Parce que Julien ne lui écrit plus
d) Parce qu'elle est très occupée

2. Quel sport Céline et Clara ont elles décidé de pratiquer ?
a) Le tennis
b) Le tennis de table
c) La danse
d) L'équitation

3. Qu'est-ce que Clara a oublié ?
a) D'acheter des vêtements de sport
b) D'acheter des raquettes de tennis
c) Son déjeuner avec Julien
d) D'aller visiter un appartement

4. Quelle est la réaction de Julien lorsque Clara le rappelle ? (Plusieurs réponses possibles)
a) Il est très fâché
b) Il comprend que Clara soit très occupée et lui dit que ce n'est pas grave
c) Il ne répond pas aux appels de Clara
d) Il fait la tête

5. Combien de temps Julien a attendu Clara au restaurant ?
a) Une heure
b) Trente minutes
c) Quarante-cinq minutes
d) Deux heures

(Bonus 2)

1. Missed lunch with Julien

With so much going on, Clara sometimes forgets about Julien. Sometimes she doesn't reply for a few hours, and when she wakes up, she no longer systematically checks her phone to see if he's written to her. The upcoming move, apartment hunting, her dog, classes... She's no longer very invested in their relationship. She doesn't worry about it because she thinks it's temporary. Her mind is elsewhere, that's all!

Julien, for his part, is a little more worried. He still writes every day and tries to schedule appointments, but Clara always has something more important to do! He's a little worried that she doesn't love him anymore. To get her attention, he first tries to write a little less. But this doesn't seem to change her attitude. Clara doesn't notice the drop in the frequency of messages. She's just very busy!

The girls still haven't heard back from all the apartments they've visited, and they're still finding new and interesting ads. In addition to all these events and activities, Céline and Clara have decided to start working out. A little exercise

peu d'exercice ne leur ferait pas de mal. En effet, elles sont la plupart du temps assises, soit pour étudier, soit pour discuter, ou pour chercher des appartements. Elles se sont mises d'accord sur le tennis, et elles ont déjà réservé leur premier cours en petit groupe les samedi matin. Premier cours le week-end prochain !

Cet après-midi, elles décident d'aller acheter quelques vêtements de sport, des baskets et des raquettes de tennis. Elles vont au magasin de sport et passent une bonne heure à choisir et à faire des essayages. Quand elles ont trouvé tout ce dont elles ont besoin, elles se dirigent vers la maison et s'arrêtent dans un café sur le chemin pour profiter du soleil frais d'avril.

Elles commandent un café et un chocolat chaud, puis s'installent en terrasse, emmitouflées dans leurs manteaux : il fait beau, mais froid. Clara regarde son téléphone… Et là, c'est l'horreur : cinq appels manqués de Julien, et trois messages. Ça lui revient d'un seul coup ! Elle avait rendez-vous avec Julien pour déjeuner ! Comment a-t-elle pu oublier une chose pareille !

« Tout va bien Clara ? demande Céline, en la voyant blêmir soudainement.

- Non, non non ! Ça ne va pas du tout ! Mon Dieu, quelle crétine ! s'exclame Clara.

wouldn't do them any harm. After all, they spend most of their time sitting down, either studying, chatting or looking for apartments. They've decided on tennis, and have already booked their first small group lessons on Saturday mornings. First lesson next weekend!

This afternoon, they decide to go shopping for some sportswear, sneakers and tennis rackets. They go to the sports store and spend a good hour choosing and fitting. When they've found everything they need, they head for home, stopping off at a café on the way to enjoy the fresh April sunshine.

They order a coffee and a hot chocolate, then sit on the terrace, wrapped up in their coats: it's sunny, but cold. Clara looks at her phone… And then horror strikes: five missed calls from Julien, and three messages. All at once! She had a lunch date with Julien! How could she have forgotten such a thing?

"Is everything all right, Clara? asks Céline, seeing her suddenly turn pale.

- No, no, no! It's not okay at all! My God, what an idiot! exclaimed Clara.

- Comment ça, qu'est-ce qu'il se passe ? s'inquiète Céline.

- Tu ne vas pas le croire. Je suis nulle !

- Allez, arrête, ça n'est sûrement pas si grave que ça… essaye de tempérer Céline. Qu'est-ce que tu as fait, dis-moi !

- J'avais un rendez-vous avec Julien, répond Clara. Voilà, ce midi, j'avais rendez-vous, pour déjeuner. Et ça m'est complètement sorti de la tête !

- Ah, zut, et il t'a appelée, c'est ça ?

- Évidemment : il m'a appelée cinq fois, laissé des messages ! Oh là là… Il ne va jamais me le pardonner ! En plus si je lui explique que j'ai manqué notre rendez-vous pour aller faire du shopping avec toi… »

En effet, Céline comprend bien le problème. Et en effet, il est délicat d'expliquer la situation. Mais, conseille Céline, il ne faut pas le faire attendre plus longtemps. Les messages de Julien sont très clairs : le premier est pour dire qu'il est arrivé, le deuxième pour lui demander si elle a oublié, le troisième pour lui dire qu'il s'inquiète : « J'espère que ça va ? Il y a un problème avec Scruffles ? Tu as perdu ton téléphone ? Si tu as oublié, au moins, fais-moi signe, parce que je suis un peu inquiet… » C'était il y a deux heures et demie.

- What do you mean, what's going on? worries Céline.

- You're not going to believe this. I'm such a loser!

- Come on, it's probably not that serious… try to calm Céline down. What did you do, tell me!

- I had an appointment with Julien, Clara replies. Well, I had a lunch date this afternoon. And it completely slipped my mind!

- Oh, dear, and he called you, did he?

- Of course: he called me five times, left messages! Oh dear… He's never going to forgive me! What's more, if I explain to him that I missed our appointment to go shopping with you…"

Indeed, Céline understands the problem. And indeed, explaining the situation is tricky. But, Céline advises, don't make him wait any longer. Julien's messages are very clear: the first is to say he's arrived, the second to ask if she's forgotten, the third to tell her he's worried: "I hope you're okay? Is something wrong with Scruffles? Have you lost your phone? If you've forgotten, at least let me know, because I'm a bit worried…" That was two and a half hours ago. Catastrophe!

Catastrophe !

Céline suggère à Clara de le rappeler immédiatement. Mais elle n'ose pas, elle a trop peur de la réaction, et elle ne sait pas quoi dire pour expliquer. Céline, toujours de bon conseil, lui dit de ne pas mentir. Il vaut mieux dire la vérité que s'emmêler dans un mensonge, et la vérité finit toujours par éclater. « Appelle-le et dis-lui, que tu es très chargée, que je t'ai proposé ça en dernière minute, que tu croyais qu'on était un autre jour, que tu es un peu perdue avec ces histoires de fac, de déménagement, de chien… Je suis sûre qu'il va comprendre. Il va être fâché mais il va comprendre et se calmer. »	Céline suggested that Clara call him back immediately. But she doesn't dare, she's too afraid of the reaction, and she doesn't know what to say to explain. Céline, always ready with good advice, tells her not to lie. It's better to tell the truth than get tangled up in a lie, and the truth always comes out in the end. "Call him up and tell him you're very busy, that I suggested it at the last minute, that you thought it was another day, that you're a bit lost with all this college stuff, moving house, dog… I'm sure he'll understand. He'll be angry, but he'll understand and calm down."
C'est un bon conseil en effet et Clara prend son courage à deux mains pour appeler Julien. Celui-ci est furieux et Céline peut l'entendre parler très fort au téléphone. Clara se lève et s'éloigne pour un peu d'intimité et pour ne pas gêner les voisins en terrasse. Elle se sent vraiment nulle. Elle parle doucement, sur un ton très triste, elle essaye d'expliquer et elle s'excuse mille fois. « Pardon, Julien, vraiment, je te demande pardon. Je suis très chargée, j'ai l'esprit ailleurs. Je ne t'oublie pas, j'ai oublié le jour, c'est différent ! Ne m'en veux pas. Je suis sûre que ça pourrait arriver à n'importe qui, ça ne veut rien dire pour nous, ça n'a rien à voir avec toi. Bien sûr que je t'aime ! Pourquoi penses-tu que je te rappelle, je t'ai	It's good advice indeed, and Clara plucks up the courage to call Julien. He's furious and Céline can hear him talking very loudly on the phone. Clara gets up and walks away for a bit of privacy and so as not to disturb the neighbors on the terrace. She's feeling really lousy. She speaks softly, in a very sad tone, trying to explain and apologizing a thousand times. "Sorry, Julien, really, I beg your pardon. I'm very busy, my mind is elsewhere. I haven't forgotten you, I've forgotten the day, that's different! Please don't be angry with me. I'm sure it could happen to anyone, it means nothing to us, it's got nothing to do with you. Of course I love you! Why do you think I'm calling you back, I called you as soon as I saw

appelé dès que j'ai vu tes messages… »

Après une dizaine de minutes de conversation, Clara raccroche, l'air triste et fatigué. Elle rejoint son amie sur la terrasse. Le chocolat chaud est presque froid. Elle explique la situation à Céline. Voilà, Julien fait la tête. Il est très fâché, il l'a attendue au restaurant pendant quarante cinq minutes et il a mangé seul. Il pense qu'elle ne fait pas attention à lui, qu'elle l'oublie. C'est peut-être un peu vrai ? Mais, on a le droit d'être très occupé, non ? Il faut qu'elle se fasse pardonner. Elle va réfléchir à un cadeau, ou à une surprise, pour qu'il ne soit plus fâché.

Les filles rentrent à la maison en discutant. Clara est très inquiète, mais Céline en est sûre : c'est normal qu'il soit fâché, et il va se calmer.

your messages..."

After ten minutes or so of conversation, Clara hangs up, looking sad and tired. She joins her friend on the terrace. The hot chocolate is almost cold. She explains the situation to Céline. Julien is sulking. He's very angry, having waited for her at the restaurant for forty-five minutes and eaten alone. He thinks she doesn't care about him, that she's forgotten him. Maybe that's a bit true? But it's okay to be busy, isn't it? She needs to make it up to him. She'll think of a gift, or a surprise, so he won't be angry anymore.

The girls go home chatting. Clara is very worried, but Céline is sure: it's normal for him to be angry, and he'll calm down.

Questions (Bonus 2)

1. Pourquoi Clara écrit de moins en moins à Julien ?
a) Parce qu'elle a rencontré un autre garçon
b) Parce qu'elle ne veut plus s'investir dans cette relation
c) Parce que Julien ne lui écrit plus
d) Parce qu'elle est très occupée

2. Quel sport Céline et Clara ont elles décidé de pratiquer ?
a) Le tennis
b) Le tennis de table
c) La danse
d) L'équitation

3. Qu'est-ce que Clara a oublié ?
a) D'acheter des vêtements de sport
b) D'acheter des raquettes de tennis
c) Son déjeuner avec Julien
d) D'aller visiter un appartement

4. Quelle est la réaction de Julien lorsque Clara le rappelle ? (Plusieurs réponses possibles)
a) Il est très fâché
b) Il comprend que Clara soit très occupée et lui dit que ce n'est pas grave
c) Il ne répond pas aux appels de Clara
d) Il fait la tête

5. Combien de temps Julien a attendu Clara au restaurant ?
a) Une heure
b) Trente minutes
c) Quarante-cinq minutes
d) Deux heures

Questions (Bonus 2)

1. Why does Clara write less and less to Julien?
a) Because she's met another boy
b) Because she no longer wants to invest in the relationship
c) Because Julien no longer writes to her
d) Because she's very busy

2. What sport have Céline and Clara decided to take up?
a) Tennis
b) Table tennis
c) Dance
d) Horse-riding

3. What did Clara forget?
a) To buy sports clothes
b) To buy tennis rackets
c) Lunch with Julien
d) Visiting an apartment

4. What is Julien's reaction when Clara calls him back? (Several answers possible)
a) He's very angry
b) He understands that Clara is very busy and tells her it's okay
c) He doesn't answer Clara's calls
d) He sulks

5. How long did Julien wait for Clara at the restaurant?
a) One hour
b) Thirty minutes
c) Forty-five minutes
d) Two hours

ANSWERS

Chapter 1
1 : a
2 : b
3 : c
4 : d
5 : a

Chapter 2
1 : b
2 : a
3 : b, d
4 : a
5 : c

Chapter 3
1 : a
2 : a
3 : a
4 : a
5 : a, b

Chapter 4
1 : b
2 : d
3 : c
4 : a
5 : a, c

Chapter 5
1 : b
2 : a
3 : c
4 : a
5 : d

Chapter 6
1 : a
2 : d
3 : c
4 : a
5 : a

Chapter 7
1 : b
2 : a
3 : d
4 : c
5 : a

Chapter 8
1 : b
2 : d
3 : a
4 : c
5 : b, c

Chapter 9
1 : b
2 : a
3 : d
4 : c
5 : a

Chapter 10
1 : b
2 : c
3 : a
4 : d
5 : a

Bonus 2 - Chapter 1
1 : d
2 : a
3 : c
4 : a, d
5 : c

Download the Audiobook & PDF below!

www.ingramcontent.com/pod-product-compliance
Lightning Source LLC
Chambersburg PA
CBHW072057110526
44590CB00018B/3214